贛文化通典

—— 民俗卷　第五冊

目錄

第一章 | 總論

第五章 | 服飾民俗

第六章│飲食民俗

第八章｜家庭與宗族民俗

第十二章 | 民間藝術

第十三章 | 結語

人生禮俗

　　人的一生從呱呱墜地，到成年婚嫁，到期頤慶壽，再到蓋棺下葬，可以分為不同的階段。對家庭與社會而言，這些不同階段意味著不同的權利與義務。圍繞著這些不同的人生階段，人類社會發展出豐富多彩的人生禮俗，對不同的人生階段予以確認。中華民族自古以來就非常重視各種人生禮儀，這不僅記載於詳盡的經典文獻中，也表現在源遠流長的人生禮俗中。江西民俗中的人生禮俗極為豐富，既保留了中華禮俗的核心價值，也反映了江西地域的文化特色。這裡分析的人生禮俗，主要包括生育與成年禮、婚嫁禮俗、喪葬禮俗等。

第一節 ▶ 從出生到成年

　　人生禮俗始於誕生禮。從祈子之俗到周歲慶賀，反映了人們對新生命的祈盼與接納。對於一個相對固定的社群而言，新生命的誕生，意味著新成員的加入，社群中人與人的關係將因此得到改變，社群中各自的權利與義務面臨調整。為此，一套確認關係成立的民俗被發展出來。嬰兒出生後，通過誕生禮的排演，被接

納為現有的社會關係的一部分。但嬰兒在社群被接納是不完整的，他還不具備社群成員的所有權利與義務。只有當他經過成年禮，被正式確認具備了完整的能力時，他才成為一名完全意義的社群成員。因此，成年禮的展演，其社會意義相當重大。在中國古代的經典文獻中，成年禮的主要表現形式是「冠禮」和「笄禮」。

一、生育禮俗

在江西各地，生育之俗非常豐富。從祈盼新生命的「催胎」，到嬰兒降生後的「洗三」、「彌月」和「抓周」，這些看似「繁縟」的儀俗，使一個新成員得到社群的承認，成為其所屬的社群的一部分，對生命繁衍與文化傳承具有重要的意義。

（一）催胎

新生命的誕生，是社會再生產的主要環節，它帶給一個家庭和一個宗族以延續的希望。為祈盼血脈的延續，各地發展出各種祈子之俗。在江西，這類習俗特別豐富。崇仁縣的「送喜」就是一種祈子之俗，新婚之家於元宵佳節，會收到親友饋贈的紅燭和雞鴨蛋，以祈子嗣早臨。[1]樂平縣的孕婦在生產前，為祈嬰兒平安降生，則有「催胎」的習慣：

1　道光《崇仁縣志》卷一《疆域部·風俗》，道光元年刻本。

（崇仁）外家先於將誕時，餽活雞、圍裙、墊席等物，謂之「催胎」。[2]

弋陽縣的「催胎」又稱為「催家」：

（弋陽）女初生子，先一月備小兒衣帽往送婿家，曰「催家」。若生男，滿月、周歲皆有餽。女抱兒歸母家，曰「上門」，外家贈牛一頭。非初生者不然。[3]

在上猶縣，產婦生產前後都有送蛋之俗，這實際是將「催胎」與慶賀誕生兩種習俗結合在一起：

（上猶）婦人孕，戚族餽以雞及蛋。既產後，如之，加布。娶婦新產必□紅蛋與酒餉母家，曰「報姜酒」。三日沐兒，抱兒出拜祖；親友賀，分餉紅蛋。[4]

（二）洗三

嬰兒的新生，對於一個家庭而言，意味著新成員的加入，同時也意味著嬰兒的父母兩系家庭的聯姻關係得到穩固和強化。因

2　同治《樂平縣志》卷一《地理志·風俗》，同治九年刻本。
3　民國《弋陽縣志》卷二《地理志·風俗》，民國十五年（1926）刻本。
4　民國《上猶縣志·社會略·禮俗》，民國三十七年（1948）刻本。

此，慶祝嬰兒的新生，不僅是父家的大事，也是母家的喜事。萍鄉一帶的嬰兒出生後，不僅有父家的告廟儀式，也有母家參與的「做三」、「洗三」活動：

> （袁州）丈夫初舉子，即日以鵝、酒饋外家，謂之「報生」。外家以豬羊、襁褓衣被來，謂之「做三」（謂三朝也）。受賀宴客，先上飯於家廟，告以生月日時及乳名，謂之「燒三」。是日浴兒，煮雞子以蘇木汁相餉，謂之「洗三」。[5]
>
> （萍鄉）丈夫初舉子，即日以雞、酒饋外家，具所生日時，謂之報庚。三朝，外家以肉酒糖蛋麵餅襁褓衣被來，謂之「做三」。是日浴兒，以蘇木汁煮雞卵相饋，謂之「洗三」。[6]

樂平地區母家（外家）參與慶祝嬰兒誕生的環節甚多，包括「報喜」、「送雞米」等：

> （樂平）初舉子，即日以酒席往外家具所生時日，謂之「報喜」……三朝，外家饋襁褓、銀飾、衣帽，並雞米等

5　咸豐《袁州府志》卷八《風俗》，咸豐十年刻本。
6　民國《昭萍志略》卷十二《風土志·禮俗》，民國二十四年（1935）活字本。

項，謂之「送雞米」。[7]

（三）滿月

「三朝」之後，在嬰兒滿月之期，尚有「滿月」等慶賀儀式：

> （樂平）滿月、彌周張筵，具帖敦請外家，至者咸有饋遺，以致賀焉。[8]

又如金溪縣：

> （金溪）凡始生子者，先以盤盒送外家報喜。外家賑以襁褓等物。至滿月，多以彩蛋分致親友。[9]

在南城縣，除了「滿月」等習俗之外，尚有「開齋」、「送七朝」等儀式：

> （南城）初舉子，女婿備儀，親往外家叩賀，謂之「報喜」、「打姜湯飯」。七日，外家以葷素儀及小兒衣物，謂之

7　同治《樂平縣志》卷一《地理志・風俗》。
8　同治《樂平縣志》卷一《地理志・風俗》。
9　同治《金溪縣志》卷四《地理志四・風土》。

「開齋」、「送七朝」。滿月，浴兒剃髮，外家又送煮雞子百千及衣服、銀器、葷素等物。[10]

（四）抓周

嬰兒周歲之日，一般還有「抓周」之俗，祈盼嬰兒健康成長，長大後有所作為。「抓周」在南城縣稱為「拈周」：

> （南城）晬日，具晬盤，如古代陳筆墨、戈、金銀諸物於兒前，視其所取以覘成立，謂之拈周。外家皆有賀有饋。其厚者，衣服銀器外，兼餽羊豕。[11]

南城縣的「拈周」習俗，有的人家在十歲、十五歲時也有再次舉行的：

> （南城）十歲、十五歲亦然，再索三索之子女亦有饋，儀特稍薄耳。[12]

嬰兒出生後，為期盼嬰兒健康成長，各地有各種祈盼平安之俗。萬安縣的避太歲、剃胎髮、孩提種痘等習俗，就寄托著人們

10　同治《南城縣志》卷一《封域志·風俗》，同治十二年刻本。
11　同治《南城縣志》卷一《封域志·風俗》。
12　同治《南城縣志》卷一《封域志·風俗》。

對新生命的美好願望：

> （萬安）小兒初生三日，用橋木數片，煎水沐浴，向生
> 方傾水，避太歲。方彌月，剃胎髮……孩提種痘曰「花
> 童」，所祀神曰「仙娘」。好事者聚眾賭博，謂之奉仙駕，
> 大壞風俗。近奉官長禁止。遵行者，花童皆清吉，痘固宜潔
> 淨，神亦喜肅穆也。從前積弊宜革除。[13]

二、成年禮

　　經過生育儀俗的展演，新生命為其所屬的社群所接納，但這個新成員並非馬上就具備完全的社會權利，也無法立刻承擔起社會義務。只有當他（她）達到一定年齡，體質與心智達到了成熟的階段，或者說被承認已經「成年」了，才擁有完全的社會屬性。江西與全國各地的民俗，或多或少都保留有成年禮的儀式，它主要表現為「冠禮」和「笄禮」。但江西地區的成年禮因歷史變遷與地域文化的影響，也有很大的調整。

（一）冠禮

　　清代末年，曾有學者對江西民間關於成年的習慣做過調查：「未成年者達幾歲時可為成年？」答案如下：

13　同治《萬安縣志》卷一《方輿志・風俗》，同治十二年刻本。

　　（江西）大率以二十歲為成年，然俗有「男人十五當門戶」之諺，又以年十六為成丁，聰穎子弟更事較早，難一概論也。**14**

這反映了江西民間對成年問題大體以二十歲為斷，但並未完全形成統一的看法。在江西民俗中，這一看法直接反映在成年禮的不一致上。例如在樂平縣，只有讀書人才行成年禮：

　　（樂平）冠禮久廢，唯讀書應試者，則業師或先達命之字，雖尊長不呼名。蓋責以成人之義也。**15**

在九江，即使是「士大夫家」也很少行成年禮，民間「年未二十多冠者」。**16**有些地方甚至十六歲就行成年禮：

　　（金溪）冠笄之禮，男自十六以上，命以成人。女笄則於臨嫁前數日加釵飾焉。溪邑俗從儉約，無貧富貴賤，徂擇吉以告祖先，然所謂三加之禮則缺略已久。**17**

14　（清）江峰青：《江西調查民事習慣問題》第一編《總則》第一章《與人及團體有關係之習慣》，宣統二年（1910）鉛印本。

15　同治《樂平縣志》卷一《地理志‧風俗》。

16　同治《德化縣志》卷八《風俗》，同治十一年刻本。

17　同治《金溪縣志》卷四《地理志四‧風土》。

在峽江，成年禮往往是在臨近結婚之期，或者是男子入校以後方才舉行：

（峽江）俗尚簡易，子弟未二十授室者，則先昏期加冠。或未及冠而補弟子員者，則以儒冠加之，即為之冠。唯成童時未授室，及未入膠序者，斯依古二十而冠之禮，冠而字之，然三加之文，亦鮮有行者。[18]

冠禮標誌著人開始具備在社會上具備了所有權利與義務，在江西有些地方，對冠禮則特別重視，冠禮之舉行往往極為隆重。如在新余，舉行冠禮之時，要舉行禮生演禮，之後在家廟開展祭祖等活動：

（新喻）冠禮，男十九二十，或十六以上皆行之。不卜日醮賓，不肆筵設席，第於每年季冬祀祖之日，祀禮畢，即用禮生二人、讀祝一人，應冠者之父，領冠者至家廟前跪拜興四，讀祝者讀三加文畢，冠者再拜而退，即拜其父母、伯叔、兄長，禮畢，俟元旦賀正，合族相聚行禮之後，冠者請見行禮，尊者四拜，同行者四揖。族眾皆賀，隨拜謝而退。雖不如文公家禮之周洽，然猶存禮意，亦質而可久。[19]

18 同治《峽江縣志》卷一下《地理志・風俗・冠禮》，同治十年刻本。
19 同治《新喻縣志》卷二《地理二・風俗》，同治十二年刻本。

贛縣的冠禮舉行之時，也有「號牌」、祭祖、祝詞等隆重環節：

> （贛縣）古者男子二十而行冠禮，本縣風習於婚日行之，而年齡則非所問，本義久失，跡象猶存。其儀，備木匾一，長尺餘，寬半之，刻冠者字，油漆塗金，曰「號牌」。婚禮之日，具牲醴告祖。禮訖，懸號牌於堂之左右，擇有鄉望者致祝詞，詞畢，敬酒而退。[20]

上猶的冠禮也有「釘號匾」等環節：

> （上猶）古者男子二十而冠，始行冠禮。晚近輒於婚時行之，失其意矣。其禮當彩車舁置中堂後，將新制字匾一方，請親友中有聲望者奉登梯，端豎於堂左（右）屏風之上輯下，三贊、三飲、三奏樂，及地，向新郎致敬。此禮貧富向均行之，唯貧者易以紙。自集團結婚推行後，此豎字匾之習，俗呼釘號匾，亦久未聞，漸歸淘汰。[21]

南康縣的冠禮也相當隆重：

20 民國《贛縣新志稿‧人文編》第十七章《社會‧風俗》民國三十五年（1946）鉛印本。
21 民國《上猶縣志‧社會略‧禮俗》。

（南康）冠禮多在婚娶時，卜日速賓，擇有德望者數人，東西排立，其長者行三加禮，餘各以次釀酒、簪花、祝辭，寓規勸。禮畢，冠者左右跪謝，起，入洞房，行合巹禮。[22]

在湖口，冠禮之舉行，甚至有「釀金置酒且演戲」的：

（湖口）冠禮：男子始生，總角稍長蓄辮，成童加冠。或請鄉先生命字。有釀金置酒且演戲者，曰「響禮」，即《禮》所謂「冠而字之」，敬其名也。[23]

江西大多數地區，尚有冠禮遺跡，但並不如上舉各縣隆重，而是相對簡單。如瑞金縣：

（瑞金）三加之禮失已久矣。雖好古之士莫有能行之者，男子生，勝冠則加帽而已。唯女子許嫁，笄，猶稍存乎禮意焉。[24]

江西多處地區冠禮往往於婚期舉行。如萍鄉一帶：

22　同治《南康縣志》卷一《地理志・風俗》，同治十一年刻本。
23　同治《湖口縣志》卷一《地理志・風俗》，同治十三年刻本。
24　道光《瑞金縣志》卷一《輿地志・風俗》，道光二年刻本。

（萍鄉）冠禮久廢，唯將婚之日，舉族咸之賢達者，命以字，雖尊長不呼乳名，蓋責以成人之義也。[25]

又如安遠縣、定南縣、於都縣等處：

（安遠）冠禮附見於婚禮，迎親後，會親友，設酒筵宴。將半，新郎起坐，加冠服，拜天地、祖先，然後見尊長及眾，不另筮日，其禮視儀禮。士冠為簡。[26]

（定南）冠禮鮮行，俗唯受室之前日，集親朋尊長以冠加其首，醮於堂而命之字，有三加彌尊之遺意焉。[27]

（雩都）古者男子二十而冠，筮日成賓，三加巾服，設醮命字，俱有節文載於《儀禮》。雩衣冠大族，往時多以此為禮重；見於明侍御袁淳論。國初，間猶有行者，今則男之冠、女之笄，皆寓於婚禮男家醮子，女家醮女之中。其宿賓設醮諸儀，猶古遺風焉。[28]

舉行成年禮之後，意味著一個人獲得了完全的社會身份和地位。在萍鄉一帶，一個人在舉行成年禮之後，其他人不能稱呼以名，而應以字相稱，「雖尊長不呼乳名」：

25　民國《昭萍志略》卷十二《風土志·禮俗》。
26　同治《安遠縣志》卷一之八《地理志·風俗》，同治十一年刻本。
27　同治《定南廳志》卷六《風俗》，同治十一年刻本。
28　同治《雩都縣志》卷五《風俗志，同治十三年刻本。

（萍鄉）冠禮久廢。唯將婚之日，舉族戚之賢達者命以
字，雖尊長不呼乳名，蓋責以成人之義也。[29]

（二）笄禮

女子的成年禮在古代又稱「笄禮」，在江西有的地方稱為
「尚頭」、「上頭」，意即少女從此改變髮型和髮飾，以示成年。
與男子的冠禮一樣，女子「上頭」也基本是在婚禮之時舉行：

（宜春）冠禮廢久，唯女子於歸時行笄禮，謂之尚頭，
猶有冠禮遺意。[30]（樂平）女子則當於歸時，先行冠笄禮，
謂之上頭。[31]（萍鄉）女子於歸之時，先行笄禮，謂之上
頭。[32]（南豐）冠禮久廢，唯女子於歸時尚有冠笄之禮。[33]

舉行笄禮時，往往也伴隨著擇吉告祖的儀式。金溪縣女子的
笄禮則在婚前舉行，需選擇吉日告見祖先，這實際也是將婚禮的
辭廟程序與笄禮結合在一起了：

29　同治《萍鄉縣志》卷一《地理志・風俗》，同治十一年刻本。
30　民國《宜春縣志》卷十二《社會志・禮俗》，民國二十九年（1940）
　　石印本。
31　同治《樂平縣志》卷一《地理志・風俗》。
32　民國《昭萍志略》卷十二《風土志・禮俗》。
33　民國《南豐縣志》卷一《疆域志上・風俗》，民國十六年（1924）鉛
　　印本。

（金溪）女笄則於臨嫁前數日加釵飾焉。溪邑俗從儉約，無貧富貴賤，徂擇吉以告祖先，然所謂三加之禮則缺略已久。**34**

第二節 ▶ 婚嫁禮俗

中國傳統的婚嫁禮俗，是伴隨著社會的發展而逐步確立的。中國傳統婚禮的基礎──「六禮」，據《周禮》、《禮記》、《儀禮》等記載，在周代時就已確立。之後，「六禮」隨時代發展而被不斷調整和豐富。與全國其他地方一樣，江西傳統的婚嫁禮俗，也以「六禮」為主要程序，而在保留「六禮」主要結構的同時，也與本地域的歷史文化傳統相結合，呈現出典型的贛民俗特色。

一、「六禮」

「六禮」是指從議婚至完婚過程中的六道程序，即：納采、問名、納吉、納徵、請期、親迎。「六禮」對婚姻的進行規定了嚴格的程序，對男女的婚姻起了規範的作用，體現了以父系家庭為中心的傳統婚禮觀，對中國歷代的婚嫁活動產生了重要的影響。

據記載，周代自天子納妃後、皇太子納妃、公侯大夫士婚禮，都嚴格地遵守「六禮」的規定。進入西漢，皇太子成婚不再

　34 同治《金溪縣志》卷四《地理志四‧風土》。

舉行親迎禮。東漢至東晉間，則因社會長期動蕩，「六禮」更加不全，甚至連合巹儀式也常被忽略。隋唐時期，國家重新實現大一統，國力強盛，人民富裕，朝廷提倡完整的「六禮」，社會也具備實施「六禮」繁複程序的物質基礎，於是「六禮」得到復興。宋代官宦貴族仍依「六禮」，而民間漸嫌「六禮」繁瑣，往往省去問名和請期，僅行四禮，而將問名與請期分別歸於納采和納徵二禮中。朱子制定的《家禮》，不僅順應時代變化，甚至比民間走得更遠，其婚禮程序僅納采、納徵、親迎三禮，不僅刪去久已不行的問名與請期二禮，連納吉也省去了。同時，朱子刪訂的《家禮》，還將三月廟見改為三日廟見。由於朱子的巨大影響，至明代，《家禮》關於婚禮行三禮的規定遂成定制。到清代，民間往往僅重三禮中的納采、親迎二禮，納徵常常被忽略，同時沉淀在納采與親迎二禮中加上女家鋪房一禮。只有七品以上的漢官才實行議婚、納采、納幣、請期、親迎五禮。

納采，為六禮之首禮。男方欲與女方結親，請媒妁往女方提親，得到應允後，再請媒妁正式向女家納「采擇之禮」。《儀禮·士昏禮》：「婚禮，下達納采，用雁。」古納采禮的禮物只用雁。納采是全部婚姻程序的開始。後世納采儀式基本循周制，而禮物另有規定。清代的納采多為定婚禮，與歷代不同。

問名，為「六禮」之第二禮。即男方遣媒人到女家詢問女方姓名、生辰八字，取回庚帖後，卜吉合八字。《儀禮·士昏禮》：「賓執雁，請問名；主人許，賓入授。」鄭玄注：「問名者，將歸卜其凶吉。」賈公彥疏：「問名者，問女之姓氏。」

納吉，為「六禮」之第三禮。是男方問名、合八字後，將卜

婚的吉兆通知女方，並送禮表示要訂婚的禮儀。古時，納吉也要行奠雁禮。鄭玄注：「歸卜於廟，得吉兆，復使使者往告，婚姻之事於是定。」宋代民間多以合婚的形式卜吉定婚。至明代，以媒氏通書、合婚代之。清代，納吉一儀已融於問名和合婚的過程中。民國時期，無納吉儀，只是簡單的卜吉儀式，多將女方庚帖放置灶神前，如三日內無發生異事，則認為順利，就拿男女庚帖去合婚。

納徵，也稱納成、納幣，為「六禮」之第四禮。即男方向女方送聘禮。《禮記・昏義》孔穎達疏：「納徵者，納聘財也。徵，成也。先納聘財而後婚成。」男方是在納吉得知女方允婚後才可行納徵禮，行納徵禮不用雁，是六禮唯一不用雁的禮儀，可見古人義禮之分明。歷代納徵的禮物各有定制，民間多用首飾、綵帛等項為女行聘，謂之納幣，後演變為財禮。

請期，亦稱告期，俗稱選日子，為「六禮」之第五禮。是男家派人到女家去通知成親迎娶的日期。《儀禮・士昏禮》：「請期用雁，主人辭，賓許告期，如納徵禮。」請期儀式歷代相同，即男家派使去女家請期，送禮，然後致辭，說明所定婚期，女父表示接受，最後使者返回復命。至清代，請期多稱通信，即男家用紅箋，將過禮日、迎娶日等有關事項一一寫明，由媒人或自己親自送到女家，並與女家商議婚禮事宜。

親迎，又叫迎親，「六禮」之第六禮。即新郎親自迎娶新娘回家的禮儀。《詩經・大雅・大明》：「大邦有子，俔天之妹，文定厥祥，親迎於渭。」親迎禮始於周代，文王成婚時也曾親迎於渭水。此禮歷代沿襲為婚禮的開端。親迎禮形式多樣。至清代，

新郎親迎，披紅戴花，或乘馬，或坐轎至女家，儐相贊引拜其岳父母以及諸親。岳父家為其加雙花披紅，御輪三周，先歸。新娘由其兄長等用錦裘裹抱至轎內。轎起，女家親屬數人伴送，稱「送親」，新郎在家迎候。

在傳統社會，迎親之後，還要履行「成妻之儀」和「成婦之儀」。「成妻之儀」即為婚禮，形成夫妻關係；「成婦之儀」即拜夫家祖先，取得媳婦的地位。至此，「六禮」完畢，婚姻成立。

二、「六禮」與江西婚俗

江西各地婚俗，不同程度地保存了「六禮」程序，體現了大傳統對民俗文化重要的規範作用。例如樂平縣同治年間的婚禮，就有較完整的「六禮」程序：

> （樂平）凡娶，媒先詣女家，傳庚帖，令星家推之，曰合則婚。吉則允而答之。納采、問名，謂之下定，亦謂小聘。次具三代禮，書通名帖，幣用白金，佐以衣飾、雞、鵝、豚、魚、蛋、果、餅等物。預請媒妁，同行女家，以冠、履、筆、硯視婿所宜物答之，謂之過書，亦謂大聘。蒲節及歲杪，饋二次，曰大節，送星期，仿古納徵意。具冠笄祠堂各禮，皆於期前送至女家。貧不能具者，則從略焉。成婚先一日，男家請媒妁，彩輿、鼓吹往迎；女家備妝奩，富

者以華麗相尚。往來禮節，雅俗相半。[35]

又如安遠在同治年間「風猶近古」，頗守「六禮」之制：

（安遠）婚禮合二姓之好，理宜慎重。安遠婚禮，雖不能盡事古之六禮，然亦大略近之。禮有納采、問名，今俗備物、傳庚近之；禮有納幣，今俗茶禮、定聘近之；禮有納吉、請期，今俗備儀、報日近之，即冠禮不行於男，而女將嫁，必請老成福婦行禮告祖，加飾冠於髻，俗曰「上頭」。禮有親迎，今俗陳物迎轎，子弟賓客候於門外，名曰「接親」。雖婿未親行授綏，亦無害於禮。禮有合巹，今俗交杯近之。禮有廟見及見舅姑，今俗拜堂近之。拜畢陳賀，鞋內有巾，即奉巾帨之義；具果湯，即進棗栗之義。名雖異而意存，風猶近古也。[36]

玉山縣同治年間也存在類似的情況：

（玉山）唯親迎故不用媒，納采、問名、納吉、納徵、請期皆以媒，將命禮也。近日不親迎，亦有不用媒者，但遣親子弟逆女，女家遣親子弟送之，中途兩家相揖，立飲而

35　同治《樂平縣志》卷一《地理志‧風俗》。
36　同治《安遠縣志》卷一之八《地理志‧風俗》。

返，謂之「接路酒」。[37]

龍南縣光緒年間的婚娶過程，也是「名雖異，而禮意猶存」：

> （龍南）女將嫁時，始加冠飾，謂之「上頭」。禮有納采、問名，而俗曰「傳庚」；禮有納幣，而俗曰「茶禮」，士大夫則曰「過聘」；禮有納吉、請期，而俗曰「報日」；禮有親迎，而俗曰「接嫁」；禮有廟見，及見於舅姑，而俗曰「拜堂」。名雖異，而禮意猶存。[38]

贛縣甚至到民國時期，還有嚴格遵守「六禮」規制的：

> （贛縣）婚禮，猶守古六禮無缺。納采，曰「訪人家」；問名，曰「開八字」；納吉，曰「交鞋樣」；納幣，曰「下茶」；請期，曰「報日子」；迎親，曰「接親」。但婚娶之日，男方僅以鼓樂彩車往，不親迎，而以親戚家族代之。[39]

「六禮」程度不同地存在於江西各地，是江西婚俗的共通

37　同治《玉山縣志》卷一下《地理志・風俗》，同治十二年刻本。
38　道光《龍南縣志》卷二《地理志・風俗》，道光六年刻本。
39　民國《贛縣新志稿・人文編》第十七章《社會・風俗》。

點，也是江西文化源於中原文明的重要例證。但江西婚俗也受到地方文化的影響，「六禮」程序或多或少都有變化。下面試舉數例，說明「六禮」等在江西的實踐如何變化，甚至變形。

（一）親迎

親迎禮，在江西除了少數地區仍有保留外，多數地區或者已經簡化，或者已經消失。其中，雩都、臨川等縣的「親迎」禮保存得是相對完整的：

> （雩都）親迎為禮至重，而雩俗特秉古禮。先日男家醮子，女家醮女。至夜子丑時，整結花轎，婿乘布轎前行至女門，主人出迎門外，揖讓升就坐。花轎隨入，坐廳事南面。俟母命女畢，婿起就轎前。女兄弟一人立於婿左，四拜奠雁。母送女就轎，婿前親揭其巾，乘轎率女以歸。[40]
>
> （臨川）婚前一夕，婿往婦家親迎，女遍拜服屬。明日，婿偕婦歸，猶在古意。唯以師巫贊禮，其俗殊陋也。[41]

新淦縣的「望轎」風俗，也尚存親迎遺意：

> 新淦娶婦，彩輿將至，父母必命子出門探望，謂之「望

40　同治《雩都縣志》卷五《風俗志》。
41　同治《臨川縣志》卷十二上《地理志・風俗》，同治九年刻本。

轎」。此猶親迎之遺意也。[42]

而江西多數地方已不行親迎禮了：

（崇仁）婚禮問名、納采、納幣、請期，與他邑同，唯親迎之禮不行。[43]

（宜黃）昏禮納采、問名諸事，皆如古禮，唯不行親迎。[44]

（二）廟見、「分大小」

再如廟見禮，古禮三月而廟見。孔子曰：「三月而廟見，稱來婦也。擇日而祭於禰，成婦之義也。」[45]廟見禮的實質，是就娶入新婦一事徵得祖先的認可。江西地區一般將廟見禮提前，並且將廟見禮擴展為「廟見」（縱向上徵求祖先認可）、「分大小」（橫向上徵求家族成員認可）兩個環節。在南城縣，迎娶當日，即「尊卑序拜，曰『分大小』」。[46]在峽江縣，迎娶當日行廟見禮，次日再「分大小」：

42 同治《新淦縣志》卷一《地理志·風俗》，同治十二年刻本。

43 道光《崇仁縣志》卷一《疆域部·風俗》。

44 同治《宜黃縣志》卷十一《風俗志》，同治十年刻本。

45 《禮記·曾子問第七》，遼寧教育出版社一九九七年版。

46 同治《南城縣志》卷一《封域志·風俗》。

（峽江）夫婦交拜，飲合巹酒。禮畢，婿出，偕新婦廟見。明日夙興，見舅姑，拜獻贄幣，幣用衣履。以次拜見同居及族中尊長。三日，新婦入廚饋舅姑，亦古禮之遺歟。[47]

萍鄉、崇義等地也在次日行廟見禮，其「分大小」則稱為「拜茶」：

（萍鄉）次日，拜祖先，即古廟見禮。次拜翁姑、尊長及媒氏、新姻，敘見卑幼，謂之「拜茶」。[48]

（崇義）翌晨，夫妻在堂，對家人、親友行廟見禮，俗云「拜堂」，又云「拜茶」。受拜者，須具禮幣為贄。[49]

江西多數地方則在第三日「分大小」。例如安義縣：

（安義）三日，見舅姑及各親眷尊屬，婿婦皆遍拜之，曰「分大小」。拜畢，婦入廚房以次舉刀匕之類，謂之下廚。[50]

金溪、新喻等地「分大小」禮與「廟見」禮，常常合而為

47　同治《峽江縣志》卷一下《地理志・風俗》。
48　民國《昭萍志略》卷十二《風土志・禮俗》。
49　民國《崇義縣志稿》卷四《人文篇・社會》。
50　同治《安義縣志》卷一《地理志・風俗》，同治十年刻本。

一，氣氛熱烈隆重：

> （金溪）三日，行廟見禮，亦有次日廟見者。親黨至婚
> 期咸以禮儀往賀，及新婦行禮後，親串尊行又有贄幣相贈
> 遺，謂之「拜見禮」。[51]

> （新喻）三日廟見，用禮生二人、讀祝一人，子婦同至
> 家廟前跪拜興四。讀廟見文畢，兩拜而退。合族見大小尊
> 卑，尊者四拜，兄長二拜，同行者四揖，退。族房居皆賀，
> 隨答謝茶果酒，三巡而退。雖不盡合古禮，而納采、問期、
> 親迎之意及古廟見之禮，猶有存在焉。[52]

（三）新婦入廚

通過廟見、「分大小」等環節，新娘被正式接納為夫家的一
員，此後必須擔負起「新婦」操持家務的責任。江西各地流行新
娘三日下廚的風俗，就標志著新人角色最終實現了這一轉變，新
人從此必須扮演好主婦的角色。南昌縣講究在迎娶之第三日，新
婦應「入廚」。[53]樂平縣也有三朝新婦入廚的習慣：

> （樂平）三朝，女家來省，曰送油，亦有親翁自至者。

51　同治《金溪縣志》卷四《地理志四・風土》。

52　同治《新喻縣志》卷二《地理二・風俗》。

53　同治《南昌縣志》卷一《輿地志・風俗》，同治九年刻本。

新婦是日辰早入廚，捧茶果登堂奉舅姑唯謹。[54]

在宜黃縣，新婦入廚還須新郎引導，並且有鼓樂伴奏：

（宜黃）三日，婿導新婦入廚下，亦鼓樂。婿遣人請女家會親，不至，則餉以筵席，謂之「新人茶飯」。蓋用舅姑飧婦之饌饋之外家也。[55]

為了幫助新婦能在新家庭中扮演好「主內」的角色，承擔起操持家務的責任，娘家往往對新婦下廚儀式也多有參與。早在宋代，即已流行「送三朝禮」，實即岳家助新婦履行婦職：

三日，女家送冠花、彩緞、鵝蛋，以金銀缸兒盛油蜜頓於盤中，四圍撒貼套丁膠於上，並以茶餅鵝羊果物等合送去婿家，謂之送三朝禮也。[56]

江西各地在新婦下廚之際，岳家也有類似的助廚舉動。如萍鄉縣有娘家「送油」的風俗：

---

54 同治《樂平縣志》卷一《地理志‧風俗》。
55 同治《宜黃縣志》卷十一《風俗志》。
　　56 （宋）吳自牧：《夢粱錄》卷二十《嫁娶》，照曠閣嘉慶十年刻本。

（萍鄉）女初嫁三日，母家具禮物及油一壺，曰送油。**57**

南城縣，娘家則有「送三朝果」的習慣：

　　（南城）三日，又女家具果品，曰「送三朝果」。**58**

在弋陽縣，娘家所送的，包括各式廚具：

　　（弋陽）女嫁三日，母家送瓷器、麻筐、熏籠、桴炭、柏油等事，謂送三朝。姑舅開看妝奩，檢點衣物。女入廚下作茶湯，以母家所贈果類遍餉宗親。**59**

　　娘家參與新婦下廚儀式，可以看作是娘家對新婦在操持家務方面的最後教導，也飽含著娘家人對新婦將來勝任新家庭中職責的殷切期盼。從此之後，新婦就不能如以往一般依賴娘家了，而須獨立地承擔起自己在新家庭中的責任，扮演好自己在新家庭中的主婦角色了。

（四）吃「爹娘飯」、不沾娘家土

57　民國《昭萍志略》卷十二《風土志・禮俗》。
58　同治《南城縣志》卷一《封域志・風俗》。
59　民國《弋陽縣志》卷二《地理志・風俗》。

嫁娶意味著夫家增添了一個新成員，也意味著娘家失去了一個舊成員。古婚禮講究「嫁女之家，三夜不息燭」，突出了娘家人「思相離」的氣氛。[60]江西婚俗講究嫁女之際有「哭嫁」的傳統，這實即為「思相離」的遺跡。如吉安縣：

（吉安）新娘登輿之前，家中長幼相抱哭泣痛號。欣榮喜樂之時，倏現淒慘悲悼之景，其現象無異屬纊之期已至，就木之時將近，可謂奇矣。[61]

江西有些地區流行吃「爹娘飯」等習俗，仍然是強調娘家人對新娘出嫁後的「思相離」。吃「爹娘飯」一般在女兒臨嫁之際舉行，可以看作是出嫁女兒對娘家的告別儀式。如弋陽縣：

（弋陽）女將行，家人以飯一盂令女食少許，謂爹娘飯。[62]

在弋陽縣南鄉，食「爹娘飯」又叫「過年」，強調突出出嫁女兒從此不再於娘家過年：

60　《禮記·曾子問第七》。

61　胡樸安：《中華全國風俗志》下篇《江西·吉安風俗奇談》，河北人民出版社一九八八年版，第 291 頁。

62　民國《弋陽縣志》卷二《地理志·風俗》。

（弋陽）南鄉則先一夕殺雞為饌，令女首座。父母兄嫂陪食，名過年，謂此後過年不在母家也。[63]

女兒一旦出嫁，其身份也隨之發生轉變，她從此不再是娘家的一員，而將與夫家形成共同的利益關係。俗話說「嫁雞隨雞，嫁狗隨狗」，講的就是新娘身份的這一轉變。江西一些地區婚禮有些環節，就強調對新娘身份的轉變予以界定，以「劃清」新娘與娘家之間的界線。萍鄉、弋陽等地新娘從娘家登輿之際，講究足不履娘家地，以免將娘家的「財氣」帶走。如：

（萍鄉）嫁女由房中背負登輿，不令履地，謂苟沾灰土則能貧女家。其實由依戀不肯行故也。[64]

又如在弋陽，也不令新娘上轎之際腳沾娘家泥土，以免「踏去秀氣」：

（弋陽）女泣別，堂上父兄酌酒三盞戒之，由長輩抱以登輿，謂苟沾泥土則踏去秀氣。實則母女依戀未肯自行故也。[65]

63　民國《弋陽縣志》卷二《地理志・風俗》。
64　民國《昭萍志略》卷十二《風土志・禮俗》。
65　民國《弋陽縣志》卷二《地理志・風俗》。

（五）回門

　　婚禮的本質是「合二姓之好」[66]，它使兩個家族因一對新人的結合，而形成密切的關係。民間婚俗中的新婚攜婦「回門」的儀式，頗有彰顯兩個家族結成聯合的意味。回門之俗形成很早。例如宋代流行的「拜門」、「會郎」：

　　　　其兩新人於三日或七朝、九日往女家行拜門禮。女家廣設華筵，款待新婚，名曰會郎，亦以上賀禮物與其婿。禮畢，女家備鼓吹迎送婿回宅第，女家或於九朝內移廚往婿家致酒，謂之暖女會。自後迎女回家，以冠花、彩疋、合食之類送歸婿家，謂之洗頭。至一月，女家送彌月禮，合婿家開筵，延款親家及親眷，謂之賀滿月會親。自此，禮儀可簡，遇節序兩親互送節儀。若士庶百姓之家，貧富不等，亦宜隨家豐儉，卻不拘此禮。若果無所措，則已之。[67]

　　岳家與這類頻繁的會宴與儀式，使一對新人的結合為岳家全家族所認可，兩個家庭從此結成姻戚關係。江西地區在婚禮主要程序結束之後，也流行「回門」之俗。如崇仁縣，迎娶次日，新婿應前往岳父母家叩拜，岳家則設宴招待：

66　《禮記‧昏義第四十四》。

67　（宋）吳自牧：《夢粱錄》卷二十《嫁娶》。

（崇仁）明日，新婚往叩妻父母，並饋酒筵。最豐厚者
席費萬錢有餘，名曰「謝盒」。[68]

鉛山一帶則講究在迎娶後之第三日「回門」，以「為二姓合
好慶志」：

（鉛山）婚之三日，女家迎婿及女，謂之回門。婿執
贄，岳父母不受。婿拜，岳父母受兩拜，答以拜見之禮。見
岳家眾長親，禮亦如之。為二姓合好志慶也。婦禮率從其
夫。[69]

弋陽縣也於第三日攜婿歸寧，稱為「轉面」：

（弋陽）女嫁三日，母家送瓷器、麻筐、熏籠、椑炭、
柏油等事，謂送三朝。姑舅開看妝盒，檢點衣物，女入廚下
作茶湯，以母家所贈果類遍餉宗親。是日，婦歸寧，謂之轉
面。婿亦與偕往還。[70]

南城一帶則講究「擇日歸寧」，岳家亦有盛宴款待：

68　道光《崇仁縣志》卷一《疆域部・風俗》。
69　同治《鉛山縣志》卷五《地理志・風俗》，同治十二年刻本。
70　民國《弋陽縣志》卷二《地理志・風俗》。

（南城）擇日歸寧，謂之「回門」。女家盛宴款婿，皆有贄，有拜錢。[71]

除了迎娶之後的歸寧外，婚後次年女婿攜婦拜年也是必備的項目。如在弋陽縣，新正拜年的女婿被稱為「嬌客」，女婿要遍拜岳家宗親：

（弋陽）新年正月初旬，婦家擇日迎婿與女過門，呼婿曰嬌客，婿遍拜其宗親，以果餌為贄，妻黨次第筵享，飲畢而歸。[72]

樂平縣女婿新年拜年稱為「過門」，岳家設宴招待，稱為「接新客」：

（樂平）成婚逾年新正，婿至外家，曰過門。外家設宴寵之，招戚族偕迎，曰接新客。[73]

（六）聘金和嫁妝

「納采」、「納徵」是「六禮」的組成部分，期間涉及各種錢

---

[71]　同治《南城縣志》卷一《封域志・風俗》。
[72]　民國《弋陽縣志》卷二《地理志・風俗》。
　[73]　同治《樂平縣志》卷一《地理志・風俗》。

物，其原意是以適當的金錢和物質來往，確保雙方信守婚娶承諾。民間婚娶中的聘金、嫁妝，實為「納采」、「納徵」中涉及的錢物的變體。江西與全國其他地方一樣，不同地區和家庭對待聘金與嫁妝的態度往往截然不同。少數思想開明的家庭能以兒女幸福為目的，嫁娶過程不尚聘金、嫁妝。如婺源一帶擇婿特重門閥：

> （婺源）婚禮尚門閥，輕聘納。媒妁皆同於女之外家。無重昂侈筵，迨期而女歸，亦稱家為遣。[74]

贛縣一帶則首重儒生：

> （贛縣）納采、行聘，一茶一果，俱辭不受，止受花環服飾，比及於歸，倍數妝奩。然專尚擇婿，首重儒生。專尚擇婿，首重儒生。祈名之初，必問曰：「郎君讀書否？曾入學否？」斯風俗之最美者。以故，父兄每勤於延師，子弟亦勉於向學矣。[75]

南康縣（今南康市）「婚娶必擇家世相當者」，納采受聘時也是「多辭財物、服飾而已」，頗「合古人治家之訓」：

---

74 光緒《婺源縣志》卷三《疆域志・風俗》，光緒九年刻本。
75 康熙《贛縣志》卷三《輿地志二・風俗》，康熙二十三年刻本。

（南康）婚娶必擇家世相當者，問名而後納采受聘，多辭財物、服飾而已。嫁女擇婿，首重儒門，尚合古人治家之訓。[76]

但在江西多數地區，婚禮中的聘金與嫁妝相當重要，盡管其數量可以多寡不等，但並非「俱辭不受」，而是極為講究。如在雩都縣，婚娶中婿家無論貧富，都要支付給定親的女方各式錢物：

（雩都）女至十歲外，婿家以手釧一雙，釵四股，帛四匹，餅四百，少或兩百，及魚、豕、果物；貧者專用手釧儀，唯餅用以與女家告親屬。[77]

至親迎前一段時期，還須支付更大一筆的「聘金」：

（雩都）定有親迎吉期，前一歲或半歲，用白金自十六兩至六兩不等，傾銷作二錠，名曰「聘金」。及女身所用簪以下，細至耳環，下至足帛皆具。[78]

---

76 同治《南康縣志》卷一《地理志‧風俗》。
77 同治《雩都縣志》卷五《風俗志》。
78 同治《雩都縣志》卷五《風俗志》。

在吉安縣，無論貧富，娶妻之家必須背負沉重的從「六禮」
衍生出的六「禮金」；禮金之外，尚需食品、飾品，「雖厚薄各
殊，然無論貧富皆不容缺」：

（吉安）婚禮有六，邑人則綜合六禮，以銀幣折之，謂
之禮金，重者以數百計，輕者以數十計。貧甚者或至數十
金，如弗能具，則姑討於先，而求讓於後。禮金而外，行聘
尚需食品、飾品。食品雖甚豐，無過牲禮餅餌，海錯所費，
不越數十金；飾品，則釵環、條脫，約指尚金玉，衣裙必備
四時，其材又選及蠶絲、獸皮，有消耗至六七百金者，是唯
家人堪之。貧民但粗具酒肉、糖食數色，面衣一具，銀飾一
二章而已，其行聘也不過一度。富人則於訂約時、交換庚書
時、定期迎娶時，皆有禮以相聘。非立異，財力固自不同
耳。唯報堂之例金、敬尊親屬之禮盒、享樂之禮餅或饅頭，
以及掌判、司翰、司祝、坐堂、迎親，一切巫匠之酬謝，雖
厚薄各殊，然無論貧富皆不容缺。[79]

在湖口縣，婚禮中涉及的錢物來往包括婚禮初訂時的「押
樣」、行聘時的「下茶」、親迎前的「辭家禮」等等：

（湖口）婚禮初訂，以花簪與履樣之屬，曰「押樣」。

行聘必以茶葉，曰「下茶」。請期曰「報日」。親迎前二日，齎米肉與坐轎衫至女家，曰「辭家禮」。於是婿迎婦歸，謁祖成禮。近禮次數或省，而儀物日豐。前人雙鵝擔酒之風邈矣。[80]

有些家庭甚至將嫁娶視為一場有利可圖的買賣，在議婚過程中索要重金。如於都縣，「貧家」嫁女時往往多索金錢，否則視為「吾家之失也」：

（雩都）過聘有金，等於古人之幣。富家嫌於賣女或不受金。貧家因以為奩，或多索金，吾女為其妻而心必誠，金不必卻也，吾家之失也。[81]

信豐縣「無論貧富」，婚娶過程涉及繁多的金錢項目，包括採金、幣金、吉金等，一切「以財為主」，

（信豐）今則無論貧富，不拘長幼，動預議納采金若干，納幣金若干，納吉金若干，以財為禮，豈古之道乎？[82]

80　同治《湖口縣志》卷一《地理志・風俗》。
81　同治《雩都縣志》卷五《風俗志》。
82　乾隆《信豐縣志》卷一《疆域志上・風俗》，乾隆十六年刻本。

由此形成的奢嫁豪娶的風氣，影響極為惡劣。如大庾縣「遣女寒門，羞稱隱之；牽犬成禮，兩姓菲視」，厚嫁則「僅博嬌女歡顏」，薄奩卻「難填快婿溪壑」：

　　　　（大庾）婚姻論財，情文逾禮。如吾南庾，兩城雉接，萬室雲連，締姻繁動，則需費往來，習享必多儀。貧富不齊，胡能合轍？豐嗇各異，何須效顰？無如遣女寒門，羞稱隱之；牽犬成禮，兩姓菲視。宏敬係羊竭蹙，冰翁潦倒外舅。家家鬥珠翠，僅博嬌女歡顏；年年攜筐筐，難填快婿溪壑。辦奩若償積欠，才出閣已蕩中人資產，老死奚贍?……往見吾鄉遣女，猶有簡素意，數十年來治奩，倍逾往昔。點綴珠玉，裁製綺羅，熔鑄金錫，雕鏤木漆，服御靡不畢具。即田廛使婢，間亦相隨。此風將安所底止？[83]

　　當地士紳對這一風氣極為不滿，認為其危害甚大「婚媾乃居室之常，何堪倒篋傾囊，致失生計」。

　　其實法律對聘禮等都有明文規定，並不允許互競高昂。如元大德八年（1304），曾針對民間奢費嫁娶的現象，作出限制，分上、中、下三戶規定聘財標準：

83　（清）楊垣：《紳士條議婚嫁刊約》，民國《大庾縣志》卷十二《藝文志四》，民國十二年（1923）刻本。

　　近年聘財無法，奢靡日增。至有傾資破產，不能成禮。甚則爭訟不已，以致嫁娶失時……其民間聘財命中書省從宜定立等第，以男家為主，願減者聽，親禮筵會務從省約。

　　上戶：金壹兩、銀伍兩、彩段陸表裡、雜用絹肆拾匹。

　　中戶：金伍錢、銀肆兩、彩段肆表裡、雜用絹參拾匹。

　　下戶：銀參兩、彩段貳表裡、雜用絹拾伍匹。[84]

　　明末清初朱柏盧曾在其頗有影響的《治家格言》中，把「嫁女擇佳婿，毋索重聘；娶女求淑女，勿計厚奩」作為家政要訓。地方官與士紳也強調扭轉社會風氣，改革婚嫁陋習，不得再事奢華。大庾縣的士紳，就曾針對該縣送嫁請婿之奢費、請婿之「牙祭」、「既嫁之後，誅求無厭」等陋習，要求改革，不許再蹈舊習。例如，針對該縣嫁妝奢費問題而「與眾約」，希望日後能「省便成俗」：

　　（大庾）今與眾約：凡有力家能取宮中者聽，若在貧婦不用錦繡，夏苧冬棉，僅取稱體，何須高結？束簪垂珥，僅取朴致，毋誇多，毋斗巧。省便成俗，則撙節多矣。[85]

84　《通制條格》卷三，黃時鑑點校，浙江古籍出版社一九八六年版。

85　（清）楊垣：《紳士條議婚嫁刊約》，民國《大庾縣志》卷十二《藝文志四》。

針對當地送嫁、請婿之奢費問題，要求民眾從此一切從簡，繁文「概宜刪卻」：

> （大庾）從前延請止用數婦，今則聯軒接轂，濫相緣引，在預延請者，豈能忘情。名為助妝，實係縻費。而婿家合巹之夕，款賓有宴，酬勞有金，計一鄉之內，窮年累月，此婚彼嫁，不一而足。則交錯贈遺，所費亦不貲矣。今與爾眾約：仍彷舊俗，送女之婦或伯嬸、或姊娣、或姑嫂，取至戚數人充之，不必增多其數。蓋奩簡則費少，即微仔肩亦可支撐，毋煩苦親屬為也。至若新婚，雖曰乘龍嬌客，實則繞膝子，行到門贄謁，執玉帛禽鳥，以彰物禮也。泰岳者以家人父子之誼款洽旬日，豈為慢褻？而必連朝永夕，陳樂供帳，朱履填門巷，珍饈窮水陸，鋪張喬皇，於婿何裨？則裁此濫觴，未嘗失體。他如三晨七夕，匝月歸寧，茶具酒梄，蔬味果實，概宜刪卻。[86]

針對當地「遣女旬月，猶有行之」的「牙祭」陋俗，不許百姓再「復蹈之」：

> （大庾）大抵牙祭由來，起於市儈販夫，每月朔二望六

86　（清）楊垣：《紳士條議婚嫁刊約》，民國《大庾縣志》卷十二《藝文志四》。

為酒食，以酬神賜飽飫，家人因而分惠女婿。若詩禮之家，自應心知其非，何待化導？今庚俗於遣女旬月，猶有行之者，尋亦厭而浸罷。然既屬陋習，何復蹈之？若衣履濯納二項，或因老姑垂堂，不堪造作，幼婦當室，伊母憐惜。然紉針，女工也；浣砧，婦職也。若在貧家，固宜親操，若處饒戶，物力盡堪自給，尤不當過問焉。[87]

針對女兒「既嫁之後」，婿家「誅求無厭」的情況，只允許「一歲之中節序遞嬗，饋餉止可間行」，不得再事婪索：

憲諭云：「婿生男女，催生、三朝、彌月，周晬，吮吸婦翁之膏。婿遇年節，挈榼攜筐，旨酒嘉肴，悉索外舅之府。」蓋言既嫁之後，誅求無厭也。夫擇日祭禰，三日廟見，婦道成而歸妹之事畢矣！為新婦者，奉棗栗飴蜜，粉榆脂膏，孝養舅姑而外，歲時伏臘，間以中饋嬴餘歸遺父母，亦用下敬上之義，未聞芳年佳節，承筐有將烹肥擊鮮觴豆無虛，悉於外家取盈也。況推餘愛，下及子女，自胞胎以至生育，自總角以至成人，儀文稠疊，不可殫述，即如方夢熊虺催錫金錢，將洗嬰兒，備具襁褓，屆試晬盤，制弄冠裳展謁外，翁賞賚貨貝完授室家，資助酒漿，財力幾何，乃竟有甘

---

[87]　（清）楊垣：《紳士條議婚嫁刊約》，民國《大庚縣志》卷十二《藝文志四》。

心貧困，鰓鰓籌度，為他祖父代謀顧復也，豈不愚誤。今與
眾約，婚女雖則關情，一歲之中節序遞嬗，饋餉止可間行，
他若祝生有儀，送死有禮，不亦過乎？宅相雖在鐘愛，於歸
而後，生齒繁衍，推予無事遍給，甚至首夏有飯，窮臘有
羹，愈可陋也。有志挽俗者，當充類以至於盡。[88]

但明清以來民間嫁娶重財的發展趨勢，卻如這一時期的商品
經濟的發展一樣，蓬勃不衰，不可遏止。如萬安縣：

（萬安）嫁女擇佳婿，無索重聘奩裝，亦不計富麗。近
來嫁女之家，衣履、首飾每誇多斗靡，甚至貧人艱於嫁資，
而摽梅愆期。所望士君子，亟改歸朴實，幸勿踵事增華
焉。[89]

面對如此繁瑣的婚姻禮節，如此大的消費，貧家甚至是富家
都會另選娶妻途徑。瑞金縣貧寒之家撫抱童養之俗，就與此有直
接的關係：

（瑞金）俗每娶一婦，動需錢三四十千。貧民艱於聘

88　（清）楊垣《紳士條議婚嫁刊約》，民國《大庾縣志》卷十二《藝文
志四》。

89　同治《萬安縣志》卷一《方輿志・風俗》。

娶，故子方孩幼，視村鄰生女滿月七朝，即撫抱童養，長為子媳，所費不過香燭雞酒及錢數千而已。貧家利於得資，故溺女為少。**90**

信豐縣也因婚娶重費，導致抱養童養媳之俗的流行：

（信豐）娶鬌齔之媳，因婚姻頗繁，閭閻財匱，男長而不能婚，女大而不能嫁，故從幼議過門，不事妝奩，彼此省節。**91**

除了聘金、嫁妝等沉重負擔外，娶婦之家尚需以盛大宴席招待來賓，這也是一筆沉重負擔。如在吉安縣一村中有人娶妻，有全村連饗三日的傳統：

（吉安）每一村中有一人娶妻，則當完婚之日，無論貧富，必備喜宴遍饗全村之人。全村之人，每遇此等吉日，無不攜妻挈子，闔第趨娶妻或嫁女之家，坐待喜宴。一村人口稍大，其喜宴之資已覺浩大，非常人所能任，況此全村娶宴

90　（清）凌燽：《禁瑞金溺女惡習》，（清）凌燽：《西江視臬紀事》卷四，顧廷龍主編：《續修四庫全書》第八八二冊，上海古籍出版社二〇〇二年版。

91　乾隆《信豐縣志》卷一《疆域志上‧風俗》。

之時，例須連饗三日。[92]

在娶妻之明年元宵，往往還須宴饗全村一次：

（吉安）聞往昔尚不僅娶妻之最初三日須設宴饗全村而
已，於新婚之明年元宵日，尚須宴饗全村一次。[93]

為了籌足聘金、嫁妝以及婚宴的重費，鄉農村夫往往大肆舉
債，最終導致「負債纍重」，其負擔甚至有終身不能償，而加諸
其子若孫之身者：

（吉安）苟為素封之家，固不甚足措意；然素封之家非
可多得，而鄉農村夫多因娶妻而負債纍重，於是有至終身勤
勞，尚或弗能盡償其債，而加其負擔於其子若孫之身者。每
村中人受此禍者十之八九，莫不痛心疾首，徒以風俗相沿，
莫可如何。大抵因娶妻而舉債，甚易藏事。蓋村民無不視娶
妻為人生第一要事，苟遇有人娶妻而向親戚朋友舉債者，其
親戚朋友無論如何拮據，亦必集合二三十人分資貸之。其心
中以為是乃慈善之事，初不知其適足使人終身陷入羅網，莫

---

92 胡樸安：《中華全國風俗志》下篇《江西・吉安婚俗奇談》，第 292
頁。

93 胡樸安：《中華全國風俗志》下篇《江西・吉安婚俗奇談》，第 292
頁。

能擺脫也。為父母者，一見兒子僅逾成童，雖境遇窘苦，亦必籌謀借貸，亟亟為之迎婦，其債累之足使其愛子終身困苦，毫不計及。此例之興，不知何自而始，習俗相仿，竟無人焉非之。[94]

為了湊足宴會資金，甚至發生某位「一錢不名」的農民，因「計無所出」，而「竟賣其妻」的怪事：

> （吉安）有某村農民於新婚之第一元宵日，一錢不名，計無所出，竟賣其妻，以及所得之資，應此燃眉之急。[95]

此事發生後，當地於「新婚後第一元宵遍宴村人之例，乃盡除焉」，但「新婚遍宴全村三日之俗，仍牢不可破也」。[96]

三、特殊婚俗

正常的婚俗之外，江西地區還存在一些特殊的婚俗，如童養媳、娃娃親、寡婦再醮等。此外，納妾、鬧洞房等陋俗，雖然一直受到精英的詬病，但卻長期存在。這些都與當時的婚姻制度、

---

94 胡樸安：《中華全國風俗志》下篇《江西·吉安婚俗奇談》，第 292 頁。

95 胡樸安：《中華全國風俗志》下篇《江西·吉安婚俗奇談》，第 292 頁。

96 胡樸安：《中華全國風俗志》下篇《江西·吉安婚俗奇談》，第 292 頁。

社會風俗及經濟發展水平都有密切的關係，是一定歷史時代的產物。

（一）童養媳

童養媳是歷史時期許多地區流行的一種特殊婚俗，一般是在女子尚幼時，男方父母將其乳養或收養，待男女成年後再行婚配的做法。例如在南康縣，就「俗多童養媳」：

> （南康）俗多童養媳。每在髫齡或乳哺時入門，略具花燭儀，謂之接乳。及長，擇吉祀祖而配合之，謂之成合。雖不備禮，而貧家可免溺女曠男之患，亦變禮之得者。[97]

有時，父母在兒子尚未出生時便把兒媳既接來，這叫「插朵花兒待兒生」，這種女大於男的童養媳又稱「等郎妹」。分宜縣流傳的山歌《我娘女子嫁個七歲郎》，寫的就是「等郎妹」的情況：

> 蛾眉柿子兩頭彎，
> 娘邊女子受苦難。
> 別人女子嫁個讀書郎，

第十章·人生禮俗

我娘女子嫁個七歲郎。[98]

蓮花縣流行的《十八歲大姐九歲郎》，也是寫等郎妹的這種奇怪婚姻的：

日頭出山一點黃，

十八歲大姐九歲郎。

打打歇歇捧上床，

還要解帶剝衣裳。

剝過衣裳猶似可，

困到半夜想奶漿。

我若不看你爺娘面，

我一腳踢你去見閻王。[99]

童養媳的出現，最主要的原因，是窮人為防止缺少錢財而難以完婚，便事先以較小的代價預娶未成年女子，等待成年時結為夫婦。因為傳統時代婚禮講究「六禮」，需要花費很多人力、物力、財力。貧困人家出於經濟的考慮，往往收養童養媳。例如東鄉一帶，「家力不能備諸禮者」，往往抱養「童養女」或收養「童

98 張濤主編：《中國歌謠集成・江西卷・生活歌》，中國 ISBN 中心二〇〇三年版，第 470 頁。

99 張濤主編：《中國歌謠集成・江西卷・生活歌》，第 477 頁。

養姑」在家，待男女雙方成年時為之「圓房」：

（東鄉）至家力不能備諸禮者，則抱女孩養於家，謂之「童養女」。有稍長延媒妁作合而接至者，謂之「牽童養姑」。及笄時，仍送回母家，擇日用鼓吹彩車迎歸，但禮稍殺耳。若不送回母家，唯擇日合卺者，謂之「圓房」。從民宜俗，固難盡責以古禮焉。[100]

信豐縣也流行「娶髻齔之媳」，以克服「閭閻財匱」而導致的婚娶困難：

（信豐）娶髻齔之媳，因婚姻頗繁，閭閻財匱，男長而不能婚，女大而不能嫁，故從幼議過門，不事妝奩，彼此省節。雖莫莫雁之文不舉，合卺之禮不講，尚可曰：「貧不周事，禮不下庶人也。」[101]

再如宜春一帶，「貧家」之中也流行收養童養媳：

（宜春）至若聘缺六禮，童時迎歸，及長始告二姓親族成婚，謂之童養媳，唯貧家行之。而繼娶納妾再醮，亦所在

100 同治《東鄉縣志》卷八《風土志》，同治八年刻本。
101 乾隆《信豐縣志》卷一《疆域志上·風俗》。

多有，但其禮則大減於初婚矣。[102]

對於女方來說，童養媳有效地解決了貧家育女嫁女難的問題。因為將女孩交由男方收養，既可以省去女方的撫養費，還可以省去嫁女妝奩費用。例如在吉安縣，其嫁女妝奩往往成為女方家庭的一項沉重的負擔：

（吉安）吾邑邑俗，家雖窶，其遣女也，奩資亦必在數十金以上，富人則金玉錦繡累篋連箱，有消耗千至巨萬者。[103]

德興縣若女方妝奩不厚，則夫家往往「反唇相譏」，這直接導致當地溺女之風盛行：

（德興）自俗之弊，竟炫妝奩，鋪張街衢，女隨其後。入門盛飾，則翁姑喜；否則反唇相譏。民率以女為劫，誕女則仇之，溺女之風於是乎熾。德邑素來不無此弊。[104]

南豐一帶，不僅貧家「不能具六禮」，連富室也出現「遣女

---

102 民國《宜春縣志》卷十二《社會志・昏禮》。
103 民國《吉安縣志》卷三十《民事志・風俗》。
104 民國《德興縣志》卷一《地理志・風俗》，一九一九年刻本。

至有蕩產者」，因此在富室之中「溺女尤多」：

> （南豐）農家不能具六禮，多幼小抱養者，其親睦或更
> 勝於士大夫家。富室治奩，動以金珠羅紈相誇耀。習之既
> 久，彼此責望，而孝友睦姻，由此遂衰，往往女生而溺之，
> 豐邑遣女至有蕩產者，故富室溺女尤多。[105]

再如龍南縣，也是「嫁女重妝奩」，不僅「貧者固難取辦，
富家亦難為繼」，由此導致的直接惡果就是「溺女成風」：

> （龍南）嫁女重妝奩，鼓吹迎送，炫耀俗目。貧者固難
> 取辦，富家亦難為繼，故溺女成風。始作俑者，流害不淺。
> 近時，仕宦之家不以妝奩為輕重，漸從簡便，此所以清其溺
> 女之源者。[106]

此外，有些地方則迷信「生女乳養」會妨礙生子，故常將女
孩送人收養。如：

> （弋陽）生女乳養，恐妨子嗣。或慮無嫁奩，寧出銀洋
> 十數元抱與人為童婦。貧家恆抱入女乳飼，既長，可省婚

105 民國《南豐縣志》卷一《疆域志上·風俗》。
106 道光《龍南縣志》卷二《地理志·風俗》，道光六年刻本。

財，俗稱童養媳。不備禮而婚焉可也。[107]

在瑞金等縣，生女妨礙生男的論說發展得更加極端，以致「富家巨族」有將女嬰「拋溺」的：

> （瑞金）富家巨族，子弟英少，習於不經之說，謂初胎生女不溺，則必連育三女，而得子必遲。故完婚即期得男，有生女者當必拋溺。此等喪心滅理之語，不知倡自何人，而各族深信不疑，恬然行之。雖父母不禁，親族不阻。愚薄之俗，衿士亦或不免，此更出於尋常風俗之外者也。[108]

對這類溺女行為，地方官曾從倫理上對予以嚴厲批判：

> （瑞金）不知得子遲早，原有定命，安有生女必三，溺女生男之理？人之所以為人，唯此一點天良，今既自行戕滅，則人道已乖，安望復育？愚妄不經，殆無逾此？[109]

為此，官府要求地方不得再事溺嬰，否則將處以重律：

---

107 民國《弋陽縣志》卷二《地理志‧風俗》。

108 （清）凌燽：《禁瑞金溺女惡習》，（清）凌燽：《西江視臬紀事》卷四。

109 （清）凌燽：《禁瑞金溺女惡習》，（清）凌燽：《西江視臬紀事》卷四。

（瑞金）嗣後生女，務即舉育，不得仍惑妄言，恣行殘溺。倘蔽習不除，殘忍猶昔，定即照故殺子孫律擬。尊長不禁，鄉鄰不阻，一體究治。[110]

尤其是要求「讀書明理」的衿士，若犯明禁，將被取消「身列膠庠」的資格：

（瑞金）至衿士讀書明理，尤宜以至性感發愚蒙，若復躬行乖戾，賊及天親，已不齒於人類，豈得復列膠庠？或有干犯，定即從重革究，毋貽後悔。[111]

地方士紳也積極響應對溺女行為的批判，強調從慈善的角度出發，挽此末俗。例如豐城一帶的士紳，曾於同治間批判本地的溺女之風，認為這是本縣四大惡俗之一：

（豐城）俗之不美者亦四……三曰溺女。揚州之民多女，風氣使然也。舊則相習於溺女，再育者鮮。甚且一舉即溺之，夫斷一草，折一木，仁者猶且弗為，既屬於毛，亦離於理，此何人也？舉蠕蠕之息置之死地，而口不能爭，天誰

110　（清）凌燽：《禁瑞金溺女惡習》，（清）凌燽：《西江視臬紀事》卷四。

111　（清）凌燽《禁瑞金溺女惡習》，（清）凌燽《西江視臬紀事》卷四。

為呼，地誰為搶，慘哉，愴哉，今雖漸滌此習，宜急廣之，以保其慈。[112]

地方官治理溺嬰最積極的舉動，是在各地普遍興辦育嬰堂。地方士紳也積極介入拯救溺嬰的行動。在大庾縣，士紳強調整治嫁娶風氣，認為如此提倡婚禮「去繁就簡」，降低嫁女費用，方能從根本上減少溺女的出現：

（大庾）乃告城廂，用釐禮制，去繁就簡，非獨為瘠土壤殷阜蓋藏；改薄從淳，實可使愚夫婦保全骨肉。[113]

其實，抱撫童養媳就是「用釐禮制，去繁就簡」的一種。而且，確實由於抱撫童養媳的流行，在很大程度上解決了貧家難以婚娶和溺女成風等問題。如吉安縣：

（吉安）邑中貧民無力為子娶婦，則抱他人之幼女撫養之，保其長大，然後諏吉日，使與己之子合巹。婚費不靡，而可以似續姒祖，亦策之良也。[114]

112 同治《豐城縣志》卷二《地理志二‧風俗》，同治十二年刻本。

113 （清）楊垣：《紳士條議婚嫁刊約》，民國《大庾縣志》卷十二《藝文志四》。

114 民國《吉安縣志》卷三十《民事志‧風俗》。

在德興縣，「貧無力者」也由於「每歲抱養，勿計厚奩」，漸至「溺女之風，庶漸止矣」。[115]

再如安遠縣，由於「稚配」（即童養媳）風習的流行，不僅使貧家能行婚娶，還減少了溺女的危害，且使男女雙方成年後行禮亦能「近乎禮」：

（安遠）婚事沿習，間有稚配之俗，雖非古禮，然揆厥由來，亦貧嗇者變通法耳。使皆長而行六禮，力有不能兼之。俗尚擺牲桌，迎嫁奩，即非厚飾，物力亦非易辦。貧者多，富者少，有兩省，無兩難。故邇來貧少溺女，未必非因稚配而開一救生之門也。且稚嫁後，或養夫家，或許其歸寧父母，即養於娘家。俱俟年長，新潔衾枕，擇期設酌，拜翁姑，受訓語，然後同寢處，名為合帳，亦自近乎禮也。[116]

南康縣也因撫抱童養媳，「溺女曠男之患」因而得免：

（南康）俗多童養媳，每在齠齡或乳哺時入門，略具花燭儀，謂之接乳。及長，擇吉祀祖而配合之，謂之成合。雖

115 民國《德興縣志》卷一《地理志·風俗》。
116 同治《安遠縣志》卷一之八《地理志·風俗》。

不備禮，而貧家可免溺女曠男之患，亦變禮之得者。[117]

　　童養媳制度在解決貧家婚配與拯救溺女問題上，產生了一定的積極作用。論者認為，「童養媳並非如以往史學界認為的那樣，僅僅是一種婚姻陋習。清代江西溺女之風非常盛行，撫養維艱和嫁妝負擔是溺女產生的主要經濟原因。童養可以有效地消解這兩大原因，正因為如此，民間盛行童養之風。童養是民人避免溺女的一種變通之法，從這種意義上來說，以童養代替溺女是一種進步」[118]。

　　但不可否認的是，童養媳在夫家地位低下，生活負擔往往相當沉重。如吉安縣，童養媳就常遭「惡姑」非人的虐待：

　　（吉安）第不屬離於毛裡，則待之也奇嚴。食不果腹，衣不蔽體，以屠弱之躬任操作，稍不中程即加箠楚。甚者傷厥官骸，以至於殘廢。忍哉！斥其壓迫之，非施以嚴懲，使惡姑之聲不喧於裡巷，則政治改革之功也。[119]

　　在江西，許多至今仍流傳的民間歌謠，也反映了童養媳的這種悲慘的社會地位。新建縣小調《童養媳真可憐》，簡潔明了，

117　同治《南康縣志》卷一《地理志·風俗》。
118　肖倩：《清代江西民間溺女與童養》，《無錫輕工大學學報》（社會科學報）二〇〇一年第三期。
119　民國《吉安縣志》卷三十《民事志·風俗》

區區幾句，概括了童養媳在家庭中受到虐待的生活場景：

> 童養媳，真可憐，
> 又要打，又要嫌，
> 吃苦在眼前。[120]

南城縣山歌《十八霞姑三歲郎》，傾訴的則是等郎妹不幸的婚姻：

> 十八霞姑三歲郎，
> 捧上榻凳抱上床。
> 伢伢半夜遺泡尿，
> 妹姑眼淚濕衣裳。[121]

再如瑞金山歌《童養媳蠻淒涼》，此歌更長，包括三節，控訴了童養媳在牛馬一般的重負下，不僅無法得到應有的生活待遇，還受盡「家婆」虐待，生活極度淒涼：

> 童養媳，蠻淒涼，

120 張濤主編：《中國歌謠集成·江西卷·生活歌》，第 477、477-478 頁。
121 張濤主編：《中國歌謠集成·江西卷·生活歌》，第 477、477-478 頁。

老虎口，黃連湯。
半夜三更喊起床，
燒水做飯洗衣裳。
清早做到見月光，
三餐食介餿粥湯。

童養媳，蠻淒涼，
十八妹配三歲郎。
日晨睡在搖籃上，
夜鋪尿尿一褲襠。
口渴樣得新井開，
肚飢樣得禾米黃。

童養媳，蠻淒涼，
又打又罵苦難當。
家婆一日三套打，
經常牙齒呱呱響。
樣得死日來過去，
快去世下見閻王。[122]

---

[122] 張濤主編：《中國歌謠集成·江西卷·生活歌》，第 477、477-478頁。

（二）娃娃親

娃娃親既是一種包辦婚姻，往往也是一種早婚。江西有些地方，兒女尚在腹中，便指腹為婚；或是剛生下來，便訂下娃娃親。當小小新人長至適齡，雙方便為兩人操辦婚禮。有時甚至不待兩人成年，便為之「合疊」。

娃娃親制度盛行的原因，與童養媳的盛行一樣，早先可能主要出於經濟上的考慮。如在武寧縣，人們特別對於早先訂下的娃娃親，看重那些「不以生死貧賤變易而寒其盟者」：

> （武寧）鄉村契愛者，於女子初生時，以雞米為聘。及長而娶。視家之厚薄，為禮頗不責財。至或有以生死貧賤變易而寒其盟者，人多賤惡之。[123]

在崇義縣，結下娃娃親的兩家，盡管尚未婚配，但已結成准親屬關係，「遇時節必遣使存問」：

> （崇義）縣俗係幼時許婚者，遇時節必遣使存問。女至十歲，即送禮金，佐以酒肉、餅面、花粉之屬，謂之「過定」。[124]

123 乾隆《武寧縣志》卷八《風俗》，乾隆五十一年刻本。
124 民國《崇義縣志稿》卷四《人文篇‧社會》。

　　隨著娃娃親制度的流行，娃娃親已不限於貧寒之家，而開始向社會各階層普及，而且越來越遠離其「彼此省節」的初始追求。如在瑞金縣，訂下娃娃親的男女兩家也強調謹遵「六禮」，只不過較一般程序將「問名」提前而已：

　　（瑞金）男女生始數歲，其父母即締結姻婭。男家先遣親友為媒至女家，問女子生年及月、日、時。女家許諾，則用紅箋開寫庚帖交媒氏帶往，然後擇吉日備盒禮致送，此即古禮問名、納采之意也。向來僅餅餌、牲醴與衣服、簪珥，費約數金而止，近乃有錢鏹充禮至數千餘金者矣。由儉入奢，此其一也。此後歲時生日具有饋送。至十六七歲時，即議歸娶。先期數月，預行聘禮，其儀物多寡，視貧富為增減。推內用春茗一盆。取其得春氣最早，示女歸及時之義。女家回盒，用穀種數升，取其發生無窮，有券人之義。媒氏告曰：「某已擇某月某日奉迎賢女」，女家曰：「敬諾」。則預先一月或半月送女冠釵飾衣物至女家，行冠笄禮。至期，遣媒氏奉迎而已，婿下親迎也。其父母不親送，或遣兄弟一人送至男家。男家於輿前置藍布一匹，名曰「轎布」。女子既出輿，隨婿履其上；一人卻步，隨手展之，前用雙燈導行，至房而止，蓋取藍橋之意。三日廟見後，婿與婦同返至女家，曰「同步」，亦古人返馬之義。[125]

　　125　光緒《瑞金縣志稿》卷一《輿地志‧風俗》，光緒元年刻本。

在上猶縣，訂下娃娃親的兩家「自幼媒妁通意」後，也逐步履行「傳庚」（問名）、「報好」（納吉）、「下定」（納徵）、「過茶」（請期）等程序：

> （上猶）男女自幼媒妁通意，男家擇日，請媒持帖諧女家，求開女生年、月、日、時，名為「傳庚」，略如古問名禮。既吉，男氏諏日備果餅禮報知，名為「報好」，亦略如古納吉禮，女氏隨宜回答。稍長，男氏諏日用金銀鐲環、衣裙、果餅行聘，俗云「下定」，如古納徵禮。徵者，成也。女氏亦隨宜回答。將婚，男氏具書及餅餌、羊豕、幣帛、衣釵等物送至女家，俗云「過茶」，亦略如古請期。書及餅餌則受，羊豕有受有不受，幣帛有折有具，有受有不受，衣釵則隨奩歸於男氏。自報好至此，凡三禮，豐約各稱身家，皆媒妁先達意，然後行禮。至期，女氏先擇日請族戚中福澤之婦二人，為女冠笄。遲明，男家請族戚備彩轎，鼓樂導至女家，請女升輿。間亦有親迎者。[126]

娃娃親除了開始背離節儉婚娶的原初追求外，其包辦婚姻和早婚的負面影響也越來越明顯。如吉安縣，早婚制度下小小新人往往「年甫十歲即為完配」，由此造成「萌蘗之生，遽予戕伐」，嬰兒死亡率因而居高不下：

（吉安）早婚非計也，顧吾邑素封家多蹈此弊。子女口尚乳臭，即為訂婚。齠齔知識未開，奚由剖別賢愚。而為父母者顧皇皇然，唯恐足不捷則良緣不可得。既得矣，又以望孫念切，年甫十餘即為完配。萌蘗之生，遽予戕伐。其坐此致夭折者，不知凡幾也。[127]

（三）寡婦再醮

在傳統時期，並無法令禁止寡婦再嫁，但在舊婚姻觀念裡，則強調婦女「從一而終」。但由於經濟上、社會上的各種原因，寡婦再醮又往往不可避免。實際上，一個寡婦所承受的經濟上的、精神上的壓力都是極為巨大的。在江西各地流傳至今的民間歌謠中，流傳著一種「寡婦十二月歌」，將一年十二個月中寡婦面臨的各種困難與所思所想進行描述，極能反映寡婦面臨的經濟困境與精神壓力。於都縣的小調《寡婦苦歌》，就從這樣幾個方面響出了寡婦的艱難處境。首先，寡婦在經濟上面臨的困境極多，在丈夫去世後，她不僅必須承擔起田地的全部勞動，而且柴米油鹽樣樣都要操心。例如該小調正月、二月、六月、七月、九月、十月是這樣唱的：

正月寡婦是新年，

　127　民國《吉安縣志》卷三十《民事志・風俗》。

丈夫死了好可憐。
門前有田冇人作，
欄中有牛冇人牽。

二月寡婦是花朝，
丈夫死了苦難熬。
今朝又愁冇米煮，
明朝又愁冇柴燒。

六月寡婦正割禾，
一頭谷篩一頭籮。
路上人家莫恥笑，
死了丈夫不奈何。

七月寡婦正立秋，
站前禾子黃溜溜。
有夫之人早收起，
可憐寡婦冇人收。

九月寡婦是重陽，
上家下屋做衣裳。
有夫之人做得早，
可憐我寡婦空思想。

十月寡婦正立冬，
田頭地角無人蹤。
百家種子都收起，
可憐我寡婦無人收。

對寡婦來說，經濟上的困難可能還不是最主要的，情感上的空虛與精神上的寂寞可能更加難熬。如該小調三月、四月、五月、八月、十二月各段中，寡婦對已經去世的丈夫的懷念與埋怨：

三月寡婦是清明，
上家下屋敬祖神。
有夫之人雙雙拜，
可憐我寡婦要單身。

四月寡婦日子長，
長命妻子短命郎。
一心想郎同到老，
前世燒了斷頭香。

五月寡婦是端陽，
燕子飛飛入廳堂。
燕子飛來雙雙對，
可憐我寡婦不成雙。

八月寡婦桂花香，
丈夫死了冇商量。
日裡吃的冷飯菜，
夜裡歇的冷板床。

十二月寡婦又一年，
過了一年又一年。
有夫之人雙雙拜，
可憐我寡婦打單身。

此外，寡婦還須時刻提醒自己謹言慎行，因為各種流言蜚語可能隨時出現：

十一月寡婦雪飛飛，
丈夫死了受人欺。
早早關門早早睡，
免得閒人說是非。[128]

這些壓力對於一個寡婦來說，將是持續不斷的。尤其丈夫死去而猛然加重的經濟壓力，寡婦往往難以承受。為了擺脫這些壓力，寡婦改嫁的故事不斷重演就顯得合情合理了。於是，「從一

128 張濤主編：《中國歌謠集成·江西卷·生活歌》，第 482-483 頁。

而終」的婚姻觀念與寡婦再醮的婚姻實踐的嚴重衝突就變得不可避免。在江西，為了解決這一矛盾，地方社會形成了一套獨特的關於寡婦再醮的婚俗。這一婚俗在允許寡婦再醮的前提下，對寡婦再醮加以諸多歧視性的限制。例如在南昌，對寡婦再醮便有「破壁而出」、「毀垣」而出，「嫁必以夜」、「不用鼓樂」等規定：

> （南昌）俗恥再醮，家有嫠婦嫁，必破壁出之，或毀垣，不令由戶。嫁必以夜，不用鼓樂。見者唾為不祥。[129]

弋陽一帶貧人娶寡婦時，也有類似的規定——娶寡婦不能從大門走，被娶的寡婦不能從原夫家足沾地走出去，還要受到寡婦宗親的遮道勒索：

> （弋陽）貧人婚姻失時，娶人家嫠婦，去時不使由戶，或毀垣出。亦不沖履地，由娶者負之而走。婦宗親遮道索出路禮。[130]

南城縣寡婦再醮，甚至強制規定不得張揚，而必須如「儉嗇之家」、「抱童養媳婦」一樣，「不得戴花頭、乘花轎」。[131]

---

129 同治《南昌縣志》卷一《輿地志·風俗》。
130 民國《弋陽縣志》卷二《地理志·風俗》。
131 同治《南城縣志》卷一《封域志·風俗》。

盡管如此，寡婦再醮在民間仍然是一種常見的婚姻形態，特別是貧寒之家「利其價之廉」，往往「忍恥而為之」：

　　（吉安）邑以娶再醮婦為羞，顧再醮者不絕於邑。蓋婦至再醮，無聘禮可言，只須以少數金錢，其故夫之親屬，豐者不逾三四十金，儉者僅十餘金。窶人利其價之廉，故忍恥而為之夫也。**132**

　　實際上，寡婦再醮往往是出於不得已之舉。尤其是「孤嫠少寡」，有時不得不面對夫家的「居奇」、母家的「再聘」，其終身之事頗不能自主，竟至有以其為對象的搶婚舉動：

　　江西省每當歲暮，輒有搶親惡習，或聘定未明，或禮節未周，一則強指，一則強娶，聚眾逞蠻，公行無忌，更有孤嫠少寡，夫家則藉為居奇，母家則妄圖再聘，兩家互訐，彼此競求。甚至一人主婚而又視財禮之多寡為去取，遂至爭娶之家，糾凶強搶，角毆訐訟。敗俗傷風，莫此為甚。**133**

　　除寡婦再醮外，傳統時代離婚也被視為不祥。在弋陽縣，甚

132 民國《吉安縣志》卷三十《民事志・風俗》
133 （清）凌燽：《禁歲暮搶親》，（清）凌燽：《西江視臬紀事》卷四，第 133-134 頁。

至寫離婚書多選擇在「廢宅荒寺」，民間俗諺甚至認為：「休妻一片地，三年不生草。」對離婚事件極存偏見。[134]

新中國成立後，寡婦開始從舊禮教的羈絆中解放出來，再婚婦女同新婚婦女一樣，完全可以自主安排自己的終身大事了。

（四）鬧洞房

「鬧洞房」的定義，如宜春一帶，「向夕設筵洞房，男儐相燃花燭，導新郎入洞房歡宴，行合巹禮，謂之鬧洞房」。原注：「舊志：擇儐贊花燭送新郎入房合巹，曰交杯，賓朋歌舞房中，曰鬧房。」[135]

其間，無分親疏男女，「對新郎新娘極盡詼諧、戲謔之至」。如：

> （崇義）是晚，族戚人等，無分親疏男女，蜂集房內，飲酒談笑，對新郎新娘極盡詼諧、戲謔之至，俗稱「鬧新房」。[136]

臨川縣親友參加鬧洞房，「淫詞嫚語」相加之時，「主人受之」，甚至「且有喜色」：

134　民國《弋陽縣志》卷二《地理志‧風俗》。
135　民國《宜春縣志》卷十二《社會志‧禮俗‧昏禮》。
136　民國《崇義縣志稿》卷四《人文篇‧社會》。

（臨川）娶婦之夕，置酒房中，男女雜坐，名曰「鬧房」。燕朋惡客，淫詞嫚語，主人受之，且有喜色。[137]

鬧洞房不僅指戲謔一對新人，有時甚至連伴嫂、伴娘也難逃被戲弄的命運。如崇義縣一帶鬧洞房，往往要求伴嫂、伴娘與新郎並肩而立，賓客對之「喝彩諧謔」：

（崇義）晚高燒絳燭，眾賓雜坐，吟彈歌唱，為諸百戲，謂之「鬧洞房」。將散之，頃姆（俗稱伴嫂）、伴婦與婿並肩立，賓喝彩諧謔，謂之「送房」。[138]

這些親朋過分「熱情」的舉動，往往極為令人不悅，尤其對新娘新郎是一種折磨。如吉安縣的鬧洞房者，肆意呼喚新娘下跪，以致「新娘之腿苦矣」：

（吉安）吾國鬧新房之惡俗，蓋為至野蠻鄙劣之舉動，然未聞如吉安之甚者。當鬧新房之夜，無大小長幼之別，每呼一聲，新娘即須向之下跪，受者可不回禮。鬧新房者以此為樂，而新娘之腿苦矣。[139]

---

137 同治《臨川縣志》卷十二上《地理志・風俗》。
138 民國《崇義縣志稿》卷四《人文篇・社會》。
139 胡樸安：《中華全國風俗志》下篇《江西・吉安婚俗奇談》，第292頁。

但即使如此，也不能任意發作。在袁州府（今宜春一帶），想終止鬧新房，也須由新娘「出揖」乃退，否則將通宵達旦而不止：

> （袁州）賓朋歌舞房中，曰鬧房。必新婦出揖則退，否則達旦。**140**

樂平縣一帶，新人想要終止這種「詼諧、戲謔之至」的「鬧洞房」，也須新娘求乞作揖：

> （樂平）宴畢，各持燭送歸房，喝彩，曰鬧新房。新婦出肅乃退。**141**

萍鄉一帶新人要終止鬧洞房，除了求乞作揖外，還要向參加鬧洞房的賓客「餉以茶酒果餅」：

> （萍鄉）宴畢，賓集房中，曰鬧新房。新婦出肅，餉以茶酒果餅乃退。**142**

---

140 咸豐《袁州府志》卷八《風俗》。
141 同治《樂平縣志》卷一《地理志·風俗》。
142 民國《昭萍志略》卷十二《風土志·禮俗》。

地方官與士紳對鬧房「惡俗」也極表關注，尤其強調其對地方「風化」的負面影響。例如，臨川一帶地方士紳就強調鬧新房時，「惡客」的「淫詞嫚語」，「非所以端風化也」：

> （撫州）又有鬧房之說，成婚之夕，置酒新婦房中燕朋，惡客淫詞嫚語，非所以端風化也。[143]

金溪一帶士紳則將「新婦鬧房」歸入六大「溪俗之敝」之列，認為其間的「恣意謔浪」，「殊傷雅道」。[144]吉安一帶的士紳認為鬧房之際，「人雜沓而語言又多猥褻，既亂男女之防，且或釀意外之變」，應該禁絕該俗。[145]

士大夫對這類「鬧房惡俗」十分擔憂，也多次開展整頓運動，希望能藉此以「端風化」。例如，臨川一帶的士紳曾對鄉間「陋俗」開展整頓，將「鬧房」與「溺女」、「停殯」、「忤會」、「兒郎」等，歸為當地的五大「薄俗」予以批判，對鬧房而導致「婦教」缺失感到擔憂，尤其是負有教化地方之責的讀書人，也「效彼所為」頗為震驚，要求對該「薄俗」予以嚴禁：

> （臨川）子而可娶，父母已衰，其禮雖嘉，其心孔悲。

143 光緒《撫州府志》卷十二《地理志・風俗》，光緒二年刊本。
144 光緒《撫州府志》卷十二《地理志・風俗》，光緒二年刊本。
145 民國《吉安縣志》卷三十《民事志・風俗》

我聞在昔，婚禮不樂，胡今之人，歡呼笑謔，大放厥辭，媟褻之態，甚於畫眉，譽美誨淫，詫醜啟釁。匪獨腥聞，且有災應呈。嗟乎，教兒於孩，教婦初來。弗憶起厥初，職為厲階。農家者流何足譏，嗟爾庠序子，亦效彼所為。[146]

地方官也注意到當地「鬧房惡俗」，對「人道」、「風化」影響極壞，強調對「鬧房惡俗」進行「通禁」。如安遠縣地方官強調「鬧房惡俗亟宜通禁」，其理由是：

> （安遠）夫婚姻乃人道之始，室家為風化之原，自不容內外無分，而流於戲嫚，亦豈可親疏不辨，而近於邪靡？何江右陋習，一家新娶，眾行鬧房。或拉乃翁而登高座，使之花面峨冠。或驅新婦而拜群賓，無不淫詞豔曲。而且燒花竊履，酣飲連宵，不獨安遠一邑為然，而安遠尤甚。[147]

盡管地方官與士紳在禁絕鬧洞房方面做了很多努力，但鬧洞房的習俗並未因此而息。如崇義縣，面對「鬧洞房」、「送房」等惡俗，盡管「縉紳之家寖有譏其大妄者」，但「積習相沿，迄今卒不能革」。[148]

---

[146] 同治《臨川縣志》卷十二上《地理志・風俗》。
[147] 同治《安遠縣志》卷九之一《藝文志》。
[148] 民國《崇義縣志稿》卷四《人文篇・社會》。

四、近代婚俗改革

　　江西舊婚俗的某些環節，尤其是其中的陋習，長期以來飽受詬病。近代以來，隨著中國社會的轉型，舊婚俗也遭遇前所未有的衝擊。新式知識分子猛烈抨擊舊婚俗，積極提倡新婚俗。

（一）批判舊婚俗

　　早在傳統時期，婚俗中的一些陋俗，如奢嫁、鬧洞房等，就引起了士大夫的眾多批評和指責。近代以來，主張革新的知識分子與標榜近代化的政府，對傳統婚俗的批判更是不遺餘力。尤其是進入民國以後，這類批判更加直接。茲試舉民國初年胡樸安對江西吉安、萍鄉等地婚俗中「種種奇異舉動」，「至足令人驚駭」者為例。胡樸安注意到，吉安當地流行新娘乘輿「無論夏冬，必穿棉襖一件」的怪俗：

> 　　（吉安）新娘乘輿詣乾宅時，無論夏冬，必穿棉襖一件。每當炎夏溽暑，熱氣逼人，所乘之輿，四周閉塞，鄉村交通不便，如有二三里之距離，經時頗久，輿中新娘既受閉塞之苦，益以棉襖之暖，汗流浹背，勉強忍受，其苦與囚禁者相去幾希![149]

---

149 胡樸安：《中華全國風俗志》下篇《江西‧吉安婚俗奇談》，第 291 頁。

經調查，新娘如此裝扮，「蓋亦有故」：

> （吉安）其俗例必穿棉襖者，蓋亦有故。向例當新娘入乾宅與新郎交拜祖宗天地後，新娘不得用自己之足行動，須其長輩如伯父、叔父之類抱負而行。當抱負而行之時，友人親戚或鄰舍，無論大小長幼，皆得任意以木棒擊新娘之背臂等處。柔弱女子，誰能任此困苦者？於是無論冬夏，皆預穿棉襖以為抵禦之用。問其婚姻乃人生喜事，何取乎擊打？則以習俗相沿，莫敢更改云。[150]

在人生婚娶的隆重場合，竟須穿棉襖以作防身之用！從任何意義上講，這都是不人道的。尤有奇者，是新娘所穿棉襖之上，尚「須加一破爛污濁之衣」，其義完全不可解：

> （吉安）尤奇者，新娘於所穿棉襖之上，須加一破爛污濁之衣。此衣乃臨時借諸打鼓吹之苦力，其污濁之甚者臭味熏蒸，令人不能忍耐。乃使如花如玉之新娘服之登輿，輿中空氣既不流通，其臭味之難受，可不言而喻。為父母者當無不愛惜器重其所生之子女，獨於嫁女之時，令服破爛所污之衣，形同乞婦，實令人百思不得其解。問其何所取義，則以習俗相沿，庸眾盲從，亦莫知其原因何在，但以風俗難違，

150 胡樸安：《中華全國風俗志》下篇，第 291-292 頁。

亦不得不從眾焉。[151]

胡樸安還觀察到，在萍鄉一帶婚禮現場也有類似的「別出心裁」的惡俗。其中，調戲伴娘之惡俗最為突出：

（萍鄉）新婚之家，於未婚之前，必央求媒介，寄語女家，聘請伴娘一人或二人，擇容貌清麗、歌曲工雅者充之，俟親迎之日，肩輿而來。於是一般作客者，使酒縱情，任意調戲，甚至偷香苟合，無所不至。少則三五日，多者一二月，隨婚家之貧富為轉移。至親好友，微論遠近，一聞伴娘之美麗，必聯翩而來。為伴娘者亦志在獵取金錢，樂為應酬，雖聲名狼藉，亦所不惜。噫！婚姻本文明美事，而竟以此等不規則之舉動雜於其中，殊可哂也！[152]

萍鄉一帶「 迎接媒介之野蠻」，也給胡樸安留下深刻的印象：

（萍鄉）新婚之家，必有媒介。當親迎之日，為媒介者，峨其冠，華其服，高視闊步，大有唯我獨尊之概。主人

---

151 胡樸安：《中華全國風俗志》下篇，第 291-292 頁。
152 胡樸安：《中華全國風俗志》下篇《江西‧萍鄉婚嫁之惡習‧調戲伴娘之野蠻》，第 298 頁。

必先於其大門之外，設方桌一席，席置水果醇酒若干，擇飲士二三立待於其前。俟媒介至，一聲恭喜，強令痛飲，多者十餘碗，少者一二碗，務必達其既醉之目的而後止。因是有吐者，有嘔者，有嬉笑者，有怒罵者，種種怪狀，相逼而來。然後任情驅使，迎接升堂，款以上賓之禮，為客中之重要人物矣。[153]

（二）提倡新婚俗

對這類舊婚俗中的陋習的批判，構成了中國近代社會的轉型一部分，也成為新婚俗賴以成立的理論基礎。與批判舊婚俗一道出現的，是對新婚俗的提倡。

中國的傳統婚姻是以家族為本位，婚姻的主要功能是延續家庭，即「將合二姓之好，上以事宗廟，而下以繼後世」。[154]出於這種考慮，雙方不看重年輕人的心理與感情需要，而主要強調家世相當，「合二姓之好」，以延續家族。因此，家長而非婚姻當事人的意見，在婚娶過程中起了決定作用，青年男女沒有決定自己婚姻的權利。而在「父母之命」以外，還須「媒妁之言」的溝通，才能使「合二姓之好」成為可能。年輕人在議婚過程中嚴格說來是不能見面的。

---

153 胡朴安：《中華全國風俗志》下篇《江西·萍鄉婚嫁之惡習·迎接媒介之野蠻》，第 297 頁。

154 《禮記·昏義第四十四》

由此可見，舊婚俗強調個人服從家族，個人婚姻必須以家庭延續為主要目的，因此，這種婚姻強調的是穩定、有序。舊婚俗之所以強調繁雜的「六禮」程序，就在於希望通過這些複雜的過程，將一對新人的結合最大限度地固定下來。也出於這一考慮，離婚被看作是一件令人蒙羞的事，因為它從根本上違背了舊婚禮強調婚姻穩定，以利家族延續的宗旨。

　　而到了近代，隨著「西學東漸」的影響日漸普及，人權、自由等觀念逐步興起，新式知識分子強調個人的權利伸張，反對「吃人的禮教」。在婚姻觀念上，也強調個人自由與情感滿足作為婚戀的基礎，反對個人婚姻服從家族延續的宗族主義傳統。可以說，這些新觀念和新思想的引入，對舊婚俗的衝擊是空前的。盡管舊時代也有士大夫反對婚禮中的陋俗，但他們從來沒有人反對個人婚姻服從家族延續的舊傳統。而新式知識分子提倡個人自由、婚姻自主，強調由戀愛而成婚，以「個人主義」為主張，對舊婚俗的「家族主義」傳統予以衝擊。此外，新式知識分子還猛烈抨擊舊婚俗鋪張浪費等問題，強調建立全新的婚禮程序。近代以來，尤其是民國以來，民間婚俗中呈現出急劇變革的過程，新式婚變在一定程度上流行開來。

　　例如吉安縣，原先婚姻以「父母之命、媒妁之言」決定，「無男女自行擇配者」：

　　　　（吉安）素守孟子教，丈夫有室，女子有家，必待父母
　　　　之命、媒妁之言。自非再醮，無男女自行擇配者。然至成婚
　　　　後，十九皆魚水相及。即偶一反目，未幾而琴瑟靜好如故。

蓋從一之義明，一與之齊，終身不可改，則相與安之也。[155]

在這種舊婚習下，講究「從一之義」，男女雙方「相與安之」，婚姻極為穩定。但「歐風東漸」以來，有追求「時髦」者，「不特斥媒妁言為誑騙，抑且指父母命為壓迫」，鼓吹戀愛結婚，婚姻自主，強調如此則「性情契合，而可以偕老百年」：

> （吉安）歐風東漸，邑中時髦，不特斥媒妁言為誑騙，抑且指父母命為壓迫，謂夫婦必自朋友始，相交既久，於其人之德行、技能洞悉無遺。然後從事訂婚，則性情契合，而可以偕老百年。[156]

在這種新婚戀觀念的指導下，追求「時髦」者確實將婚姻的決定權從父母輩手中奪回，實現了婚姻自主，但由此引起的後果，則是新式婚姻與舊式婚姻相比明顯不穩定。在新式婚戀觀下結合的男女，往往有「不及數載」，甚至「不及數月」就另尋「所悅」的：

> （吉安）乃不及數載，甚且不及數月，女別有所悅而棄其男矣，男別有所悅而棄其女矣。其視父母壓迫，媒妁誑騙

---

155 民國《吉安縣志》卷三十《民事志‧風俗》。
156 民國《吉安縣志》卷三十《民事志‧風俗》。

者何如哉？[157]

由此可見，自主婚姻既不僅意味著自由的結合，也意味著自由的離婚。舊式文人對此深感不滿，認為戀愛結婚與自由結合，直接導致了道德的敗壞：

> （萬載）爭言戀愛，導娼妓之捷徑；侈談自由，揚娼妓之頹波。[158]

在新式婚姻觀念的鼓動之下，追求「時髦」者往往對父母代擇之配偶「棄如敝屨」。原先在婚娶過程中最具權威的「父母之命」，也因此而開始收斂。吉安一帶原先流行的父母為兒女訂娃娃親的風習，也因此而「不禁自戢」：

> （吉安）迫自由結婚之習成為子女者，於父母所代擇之配偶，率棄如敝屨，父母自是不敢為稚男幼女謀室家，恐他日長大非棄人即為人所棄也，而早婚之風遂不禁自戢。[159]

新式婚俗的鼓吹者極力批判舊婚俗鋪張浪費，強調新式婚姻

157 民國《吉安縣志》卷三十《民事志・風俗》。
158 民國《萬載縣志》卷一《方輿志・風俗》，民國二十九年（1940）刻本。
159 民國《吉安縣志》卷三十《民事志・風俗》。

省費的主張，實際也並未得到實現。新式婚俗鼓吹者認為，「婚姻已尚自由，彼者子可以不費而獲」[160]但新式婚俗實際無法避免高花費問題。例如吉安縣一帶的舊婚俗，確實頗為鋪張浪費，強調厚奩：

> （吉安）吳隱之賣犬嫁女，不可以律。吾邑邑俗，家雖窶，其遣女也，奩資亦必在數十金以上。富人則金玉錦繡累篋連箱，有消耗數千至巨萬者。[161]

這也正是令新式婚俗鼓吹者深惡痛絕的地方，新婚俗強調改革舊婚俗的繁文縟節，一切從簡，禁絕鋪張。如崇義縣「間有效行」的「文明結婚之儀式」：

> （崇義）婚禮至民國，迄今尚無明令規定制度。通都大邑，雖有文明結婚之儀式，一切趨於簡易。唯於結婚期賃一大禮堂延賓相，陳軍樂，備證書，不一時而禮畢。本邑間有效行者，尤不成為禮制。[162]

但這一看似簡單的「文明結婚儀式」，在結構方面與舊婚俗

---

160 民國《吉安縣志》卷三十《民事志·風俗》。
161 民國《吉安縣志》卷三十《民事志·風俗》。
162 民國《崇義縣志稿》卷四《人文篇·社會》。

卻有諸多相似之處。而且，在這一簡單的文明結婚儀式之後，尚需「以婚酒佳肴宴享賓客」，仍需一筆不菲的花費。例如民國初年時人如此觀察出現於吉安城市的「文明結婚」：

> （吉安）文明結婚，今尚未見於吉安各鄉，而城市則已數數觀。其異於舊婚制者，訂婚不以禮書，而以相片或約指，不用媒妁而用介紹人、證婚人。婚約不名龍鳳書，而名結婚證書。其迎親也不以彩輿而以汽車，不奏舊樂而奏夷鼓夷號，新娘衣不分離而紗其首，左右垂者尺三四，其行禮也遵今制，鞠躬而不拜跪。唯禮成而後，以婚酒佳肴宴享賓客，則無新舊，一焉。[163]

「文明結婚」與舊婚禮不僅結構上存在這種類同性，那些實踐文明結婚的「時髦」者，所強調的女「不負聘禮」，男「不覬妝奩」的做法，實際也無法完全實施。在吉安縣，盡管「近今婚俗一新」，但「言之誠娓娓動聽」，實未有「奩不厚者」：

> （吉安）近今婚俗一新，女方不負聘禮，男方亦不覬妝奩，韙哉！然言之誠娓娓動聽，實則吾所見文明婚姻，亦未有實踐其言而奩不厚者也。[164]

163 民國《吉安縣志》卷三十《民事志‧風俗》。
164 民國《吉安縣志》卷三十《民事志‧風俗》。

二十世紀三十年代以後，蔣介石發起全國性的「新生活運動」，提倡將「禮義廉恥」結合到日常的「食衣住行」各方面。蔣介石希望通過「新生活運動」使人民改頭換面，具備「國民道德」和「國民知識」，從根本上革除陋習。在需要改造的陋習中，舊婚俗是其中的一項。江西南昌是新生活運動的中心，江西地區的婚俗受其影響相對較大。尤其是蔣經國後來坐鎮贛南，發起所謂建設「新贛南」的活動，也將改革舊婚俗作為重要內容之一。這些改革實質是民國初年新婚俗改造運動的一部分，它在一段時期對當地婚俗有所改變，但很難對地方舊婚俗予以根本性的影響。

二十世紀三四十年代在贛南一帶，曾熱鬧提倡「集團結婚」。如贛縣每月都有一次由政府定期組織的「集團結婚」：

（贛縣）年來行新式婚禮者日多，每歲一月一日、二月二日、三月三日、四月四日、五月五日、六月六日、七月七日、八月八日、九月九日、十月十日、十一月十一日、十二月十二日，為政府定期之集團結婚，舉行於縣城之新贛南大禮堂暨各鄉鄉公所。其法，結婚人以手續費若干，往縣府或鄉公所報名，至期前往行禮，禮畢即歸。**165**

集團結婚的規模一度很大。如崇義縣曾組織過的集團結婚

165 民國《贛縣新志稿・人文篇》第十七章《社會・風俗》，第 122 頁。

中，「以第五次為最，達二十三對之多」：

> （崇義）蔣經國主政贛南，提倡集團結婚，規定國曆一
> 月一日、二月二日、三月三日、四月四日、五月五日、六月
> 六日、七月七日、八月八日、九月九日、十月十日、十一月
> 十一日、十二月十二日為集團結婚日期。我縣規定城廂附
> 近，屆期集中於縣城新崇義大禮堂，舉行結婚典禮，其他各
> 鄉集中於公所舉行。其禮節完全遵照部頒新式儀注行之。自
> 提倡迄今，縣城已舉行集團結婚多次，參加當事人最踴躍
> 者，以第五次為最，達二十三對之多。[166]

集團結婚的舉辦雖見熱鬧，但往往「推行未見徹底」，民間
對新舊婚禮往往並重，並且踵事增華，「未能節省靡費」：

> （崇義）雖推行未見徹底，間有先已舉行舊式婚禮，而
> 於是日補行參加者有之；或於參加集團結婚後，仍在家復行
> 舊式婚禮者有之；及仍大張宴會，未能節省靡費者有之。[167]

在上猶縣，集團結婚的推行，同樣無法排除舊婚禮，實際
上，集團結婚與舊婚俗往往結合在一起，似乎變成兩套前後相貫

---

166 民國《崇義縣志稿》卷四《人文篇・社會》。
167 民國《崇義縣志稿》卷四《人文篇・社會》。

的婚禮程序：

> （上猶）迄民國三十年（1941），政府制定集團結婚儀
> 式，通令各縣推行。凡結婚男女，先日向所在地鄉鎮公所登
> 記。按規定日期，隨其家長步入禮堂，對對排列。台上置橫
> 案一，證婚人當中立，介紹人左右立，男主婚人立於次左，
> 女主婚人立於次右。結婚證書則從頭依次蓋章訖，奏樂行禮
> 如儀。新郎新娘各領所給結婚證書，乘自備彩車歸，至家復
> 行合巹、共牢禮。**168**

雖然集團結婚的推行難以深入，但主政者仍希望由此「引起
民間興趣，借可漸漸去舊從新以轉移風俗」。但「自蔣專員離開
贛南後，近年來，此新式集團結婚風氣又不如前矣」**169**。在上猶
縣，集團結婚後來也「無形取消」**170**。集團結婚在贛南人亡政息
的結局，更說明這場婚俗改良運動更像一場強調政治作秀的形象
工程。

在集團結婚「無形取消」後，允許民間「結婚典禮，新舊自
擇」，於是民間嫁娶，舊禮復成為婚禮的主要形式，唯一留下
的，是結婚證書開始取代「龍鳳庚書」，成為有效的法律憑件：

168 民國《上猶縣志・社會略・禮俗》。
169 民國《崇義縣志稿》卷四《人文篇・社會》。
170 光緒《上猶縣志》卷之二《輿地志・風俗》。

（上猶）至民國三十六年（1947），此制無形取消，結婚典禮，新舊自擇。近兩年來，民間嫁娶，行舊禮者十之八九。唯以結婚證書，取得法律保障，已奪龍鳳庚書之寶座；而代之先訂婚而後結婚者，近亦盛行。其奩具多由男氏自備，酒肉雞魚則必足女氏宴客之需。[171]

第三節 ▶ 喪葬禮俗

喪葬之禮，古稱「凶禮」，是人生禮儀的最後兩個環節。隨著社會的發展，人們對生死關係的理解也發生著變化，這也使得喪葬禮俗呈現出鮮明的時代特色。中華民族歷來重視喪葬儀禮，強調從孝道出發，「事死如事生，事亡如事存」[172]。儒家經典對喪葬儀節的詳細規定，構成了此後中國兩千多年來喪葬文化的基礎。江西與全國其他地區一樣，其喪葬禮俗受到「大傳統」的深刻影響，但也難免在某些方面出現「違制悖禮」的情況。此外，江西喪葬禮俗還結合地域傳統，形成注重堪輿文化等特色。

一、歷代喪葬規制

「三禮」等儒家經典文獻，對喪葬規制進行了充分的討論，尤其是在《儀禮》的《既夕禮》、《喪服》、《士喪禮》，《禮記》

171 民國《崇義縣志稿》卷四《人文篇・社會》。
172 《禮記・中庸第三十一》。

的《奔喪》、《喪大記》、《喪服大記》、《喪服四制》、《喪服小記》、《三年問》等篇章中，對喪葬禮儀的地位、作用、實施等問題，進行了詳盡的記載。例如，關於喪葬在人生禮儀中的地位，《禮記》認為它是人生最重要的「禮之大體」的五大環節之一：

> 夫禮始於冠，本於昏，重於喪祭，尊於朝聘，和於射鄉，此禮之大體也。[173]

《禮記》還認為，喪禮是孝子必須履行的三種孝行之一：

> 孝子之事親也，有三道焉。生則養，沒則喪，喪畢則祭。養則觀其順也，喪則觀其哀也，祭則觀其敬而時也。盡此三道者，孝子之行也。[174]

關於喪葬禮儀的社會作用問題，《大戴禮記》進行了深入的分析，認為「喪祭之禮所以教仁愛」，而「仁愛」之思又直接產生了「孝」行：

> 凡不孝生於不仁愛也，不仁愛生於喪祭之禮不明，喪祭

173　《禮記・昏義第四十四》。
174　《禮記・祭統第二十五》。

之禮所以教仁愛也，致愛故能致喪祭，春秋祭祀之不絕，致
思慕之心也。夫祭祀致饋養之道也，死且思慕饋養，況於生
而存乎？故曰喪祭之禮明，則民孝矣。故有不孝之獄，則飾
喪祭之禮。[175]

只有篤奉喪祭之禮者，方能成為仁人孝子，否則，「喪祭之
禮廢，則臣子之恩薄，而倍死忘生之禮眾矣」[176]。因此，喪葬之
禮對社會倫常、政治秩序的作用極大。

關於喪葬禮儀的實施細節問題，討論就更多。例如，對天
子、諸侯、大夫等處於不同社會等級的人的喪葬之禮，《禮記》
就強調應以不同的規格對待：

　　天子崩，七月而葬，五重八翣。諸侯五月而葬，三重六
翣。大夫三月而葬，再重四翣。[177]
　　天子七日而殯，七月而葬。諸侯五日而殯，五月而葬。
大夫士庶人三日而殯，三月而葬。[178]

諸如此類，儒經對喪葬的討論，包括了從臨終、浴屍、小

175　（漢）戴德：《大戴禮記》卷八《盛德》，（北周）盧辨注，中華書局
　　　一九八五年版。
176　（漢）戴德：《大戴禮記》卷二《禮察》。
177　《禮記·禮器第十》。
178　《禮記·王制第五》。

殮、大殮、舉奠，到出殯、下葬等複雜的環節。這成為之後中國歷代喪葬制度的基本框架。

隨著時代的發展和社會的變化，早期的喪葬儀節逐漸出現某些不適應新形勢的地方，於是，歷代不斷有學者探討新的適應新形勢的喪葬規制。在這方面，宋儒的成就很大，而朱熹的《家禮》則是其集大成者。《家禮》根據變化了的形勢，對舊喪葬禮製作了一些調整，形成宋以後喪葬禮俗的基本框架。

《家禮》對喪葬事務的討論集中於卷四《喪禮》篇，與以往的研究相比，它更加系統地檢討了喪葬過程所涉及的各種問題。在《家禮‧喪禮》對喪葬的討論中，涉及從「初終」到「禫」等二十個環節所組成的全部過程。為直觀起見，茲不憚繁冗，將其中涉及的喪葬全程詳目列表如下：

朱子《家禮》所列喪葬全程詳目表

1. 初終	8. 吊奠賻	15.虞祭
2. 沐浴、襲奠、為位、飯含	9. 治喪	16.卒哭
3. 靈座、魂制、銘旌	10.聞喪、奔喪	17.祔
4. 小斂	11.遷柩、朝祖、奠賻、陳器、祖奠	18.小祥
5. 大斂	12.發引	19.大祥
6. 成服	13.及墓、下棺、祠後土、題木主、成墳	20.禫
7. 朝夕哭奠、上食	14.反哭	

資料來源：（宋）朱熹：《家禮》卷四《喪禮》，光緒間刻本。

《家禮》對喪葬過程的各環節都有詳細的解說，便於實際操作。宋以後，程朱理學成了中國文化的「正統」，《家禮》對喪葬的解釋也成為傳統喪葬禮俗的基本形式。

二、《家禮》與江西喪葬禮俗

江西與全國其他地區一樣，受「大傳統」的規範與制約，其喪葬禮俗俱以《家禮》為基本依據。如鉛山縣的喪葬禮俗，「城鄉士大夫俱遵文公家禮」：

> （鉛山）喪事，城鄉士大夫俱遵文公家禮。親友具吊，儀受楮，不受賻，酒饌視家為豐儉，吊者必拜奠送葬而後去。至於平民，無論貧富，禮或稍異，而親友往來亦如之。[179]

又如崇義縣的喪葬禮俗，從訃告、入殮、設主祭奠、成服、發引、扶柩、營葬、大祥等，均「依照古制」而行：

> （崇義）親喪後，即訃告親友，移屍入殮。或請儒生設主，舉行祭奠。或雇僧道，建佛事，誦佛經，以追薦超度亡者。孝居人等，對天成服。依照古制，視親疏芒鞋竹杖，分服斬衰、齊衰、緦麻等孝服。發引之日，捧木主，扶柩送至

壙所，營葬畢，仍抱木主回家設靈祀奉。大祥時，舉行化靈升座，此為一般平民普通喪禮。[180]

峽江的喪葬禮俗，從「父母疾篤」時的「遷居正寢」，到撤靈、禫卜、除服，頗存古制：

（峽江）父母疾篤，遷居正寢，子孫環列。既屬纊，子婦擗踊，披髮徒跣。為親沐浴，父用子孫，母用子孫婦。浴畢，易巾履衣衾，納金銀口中。環哭盡哀，服族男女列向哭，族人皆入哭。使人訃告親友。死之明日小斂，設奠，子女憑屍擗踊，哭不絕聲。三日而大殮，舉屍納棺中，襲以生平遺衣。子婦憑哭盡哀，擗踊無數。設靈座，三時上食，居宿柩旁，哀哭無時。自始死至七七，每七夕設奠。女適人者，亦備一夕之供。或有延僧道齊懺者，俗謂應七。既筮葬，又以訃聞於親友。親友來吊奠者，奉帛以答，必准其物。客於外舍設酒饌，孝子稽顙於筵前，曰謝孝，省遠造跋涉，違離喪次也。及葬，孝子徒跣，扶柩而行，冢孫奉主以從，期功之屬皆隨哭，送賓客亦隨之。孝婦從柩，後諸女從孝婦後，哭送至郊外始歸。既葬，以輿奉主歸，謂之回靈。三日，詣墓所奠哭，謂之復三，歸而祭於靈座前，男女以次行奠，環而痛哭，曰堂祭。小祥如之，大祥如小祥祀。明

　　180 民國《崇義縣志稿》卷四《人文篇‧社會》。

日，奉新主祔於祠，易服合祭祖先於祠堂，服屬皆從，始撤
靈座，中月而禫卜，吉，致祭除服。[181]

豐城一帶的喪禮，從疾病遷居正寢，到成服、吊奠等，仍保
留相對完整的程序：

（豐城）喪：疾病（遷居正寢），立喪主，屬纊，易服，
不食，治棺，訃告僚友親戚，入哭，小斂，大斂，成服，
吊，奠，賻。[182]

其葬禮從「擇地葬」、「開塋域」，到「小祥」、「大祥」、
「祔」、「釋服」，也仍存古制：

（豐城）擇地葬，擇日開塋域，祀後土，穿壙作灰隔，
刻志石，作主，遷柩，朝祖，遣奠，發引，及墓、下棺，祀
後土，題木主，成墳，反哭，虞祭，卒哭，小祥，大祥，
祔，釋服。[183]

又如上猶縣的喪俗，從易服、開吊、入殮、發引，到舉奠、

181 同治《峽江縣志》卷一下《地理志・風俗》。
182 同治《豐城縣志》卷二《地理志二・風俗》。
183 同治《豐城縣志》卷二《地理志二・風俗》。

設祭、出殯，正統喪制的基本程序基本都得到保留：

> （上猶）始死，擇吉衣冠殮於堂。族叔皆哭臨，謂之開
> 吊。有力之家，來吊者各必與帛一幅，貧者不發帛，並有不
> 開吊者。旋殮於棺。為大殮、發引之日，族叔知交仍來舉
> 奠。或送香楮，或送奠儀，至戚至交則設祭，豐者或用全
> 羊、豬及酒肴果品等項。有力之家，凡來奠者，亦各與帛。
> 如行吊時，至戚則更以衣。出殯日，男婦皆來送，後必留
> 餐……至一切居喪發殯禮儀，大略遵守文公家禮為多，不至
> 甚有更易。**184**

《家禮》是江西喪葬禮俗的基礎，但由於歷史發展與地域文
化的影響，《家禮》所代表的正統喪葬規制在江西必然會出現相
應的調整，從而出現不同程序的損益。例如在贛縣的喪俗，包含
了從「初終，子號哭」，到「奉魂制」、「朝夕奠」的相對完整過
程，但「所謂寢苫枕塊之制」，則已經「久廢不存」了：

> （贛縣）初終，子號哭，擗踊跪，諸婦女子棄飾素服。
> 立喪主、主婦。具訃於親友。擇吉日入殮，喪主親視含殮。
> 以下子女憑棺哭踊盡哀，乃蓋棺。棺前設靈座，奉魂帛，朝

184 光緒《上猶縣志》卷之二《輿地志·風俗》。

夕奠。所謂寢苦枕塊之制，久廢不存。[185]

於都等地為因「褲」、「富」同音，以「子孫常服之褲」實棺，代古「襚衣以實棺」之禮，喪事其間也「不除吉服」，這些與禮制殊不相符：

> （雩都）其又甚者，古有襚衣以實棺，雩俗褲與富同音，實棺乃專以子孫常服之。親死扱衽，徒跣袒括發，不及變服也，雩俗以為未變服，而因不除吉服。[186]

又如安義縣，往往將禮制中規定的各自獨立的「臨終哭喪」、「浴屍」、「小殮」等程序「多混一事，且堂寢不分」，可謂是「失禮大者」。[187]德安縣一帶，甚至「古喪禮鮮有行者」：

> （德安）古喪禮鮮有行者。民間多初喪三五日即葬，或殯於山上，擇日乃葬，唯高堂停柩逾月治喪，若尊親在堂，子弟故，則不以弔，或時月風水不利，經二三年乃葬者亦有焉。[188]

185 民國《贛縣新志稿・人文編》第十七章《社會・風俗》。
186 同治《雩都縣志》卷五《風俗志》。
187 民國《安義縣志》卷二《教育志・禮俗上・喪禮》，民國二十五年（1936）稿本，江西省圖書館藏。
188 同治《德安縣志》卷三《地理志・風俗》，同治十年刻本。

武寧一帶更是「喪禮淪壞」，「大失古禮」，守《家禮》的士大夫若「有不隨俗者」，則「群誳之」：

> （武寧）唯喪禮淪壞。飲酒食肉，殊無哀死之意。族大而貧者，難以任吊虞祭，或用巫僧，大失古禮。士大夫有不隨俗者，群誳之，以為惜費。葬亦無定期，惑於陰陽忌諱也。[189]

瑞金一帶辦喪事也「鮮有能行古禮者」，遵守正統禮制的，也反遭俗間「嗤笑」：

> （瑞金）俗多用浮屠法，鮮有能行古禮者。間有依溫公《書儀》及文公《家禮》，俗反用為嗤笑。[190]

由此可見，《家禮》等正統禮制盡管對江西喪葬禮俗有基礎性的規範作用，但「習俗移人，賢者不免」，江西喪葬禮俗中存在大量「失禮」、「非禮」、「鮮行古禮」的情況卻是不爭的事實。因此，要想深入了解江西喪葬禮俗的全貌，還必須從地方文化史的視角出發，對江西喪葬禮俗中的大量「地方性知識」進行更細致的發掘。

---

[189] 乾隆《武寧縣志》卷八《風俗》。
[190] 道光《瑞金縣志》卷一《輿地志‧風俗》。

三、特殊的喪葬民俗

　　明清以來留下的江西地方文獻中，涉及喪葬習俗的記載頗多，其中也大量記載了如「悖禮實甚」、「奢侈僭制」等違背規制的情況。例如，東鄉一帶往往將停葬多年，至子孫有喜事時再將殯葬與喜事前後相續舉行，官府認為這是「朝哭暮歌，悖禮實甚」[191]。又如，南康一帶發生女喪之際，其外族往往「藉端耗擾」，官紳以為「俗之澆敝，此亦一端」：

　　　　（南康）女喪，或因外族藉端耗擾，往往戚好失歡，因而成訟。俗之澆弊，此亦一端。[192]

　　豐城等地則在「親歿」之後，向九族提供「關風飯」之傳統，其間「富者以豐厚相誇」，「最為薄俗」：

　　　　（豐城）俗親歿，九族皆至斂，設飯謂關風飯，貧者苦之，富者以豐厚相誇，最為薄俗。[193]

　　贛縣一帶於人死後，有濫加謚號的風習，「雖販夫販婦，亦必有謚」，雖屢禁而不止：

191　同治《東鄉縣志》卷八《風土志》。
192　同治《南康縣志》卷一《地理志‧風俗》。
193　同治《豐城縣志》卷二《地理志二‧風俗》。

（贛縣）贛俗諡法最為濫觴。雖販夫販婦，亦必有諡，列諸訃文及神主。嘗見一胥役蕭某死，其啟竟有「誠愨某公」之稱。雖屢為示禁，如故也。[194]

於都一帶逢喪期相沿四十九日不剃頭，這與「百日不剃頭」的「國制」明顯相違，但「相習行之，久成為俗」，難以更改：

（於都）國制，百日不剃頭。雩俗相沿為四十九日，而又以死為方剃，以滿其數。此皆失制禮之意。而相習行之，久成為俗。[195]

安義一帶，「素封及士大夫家」迷信風水之說，往往「停柩不葬」，或「既葬復遷」，且其喪葬之俗亦「奢侈僭越，多不如制」：

（安義）第貧賤者數日既營葬。若素封及士大夫家，每狃於風水之說，或停柩不葬，或既葬復遷，無復三月而葬之。禮守塋志壙，少有行之者。唯冥器仗以及靈轝，則奢侈僭越，多不如制。[196]

---

194 乾隆《贛縣志》卷一《疆域志・風俗》，乾隆二十一年刻本。
195 同治《雩都縣志》卷五《風俗志》。
196 民國《安義縣志》卷二《教育志・禮俗上・喪禮》。

這些「澆弊之俗」頗令官府和士紳所痛恨。而令地方官與士紳尤為深惡痛絕者，大約有三端，一為喪儀習用佛事，二為葬俗溺於堪輿之說，三為喪葬儀節競相奢靡。

（一）佛事與喪俗

中國傳統文化以儒家文化的基本，在歷史發展進程中，又加入佛、道等文化元素，形成三教競爭和三教圓融並存的現象，使得中國傳統文化更加多姿多彩。三教關係因此成為中國傳統文化的一個主題。中國傳統喪俗中，同樣存在這種三教競爭與三教圓融並存的現象，尤其是儒家與佛教的衝突與融合現象最為常見，這在江西喪俗中也相當典型。

江西喪俗中，《家禮》對喪禮的解說代表著儒家的正統價值，這與民間在喪禮中「崇尚浮屠」、「不廢佛事」的習尚之間，便發生了微妙的關係。有時，喪禮中《家禮》與「佛事」並重，表面上並不衝突。如瑞昌一帶，「喪制遵朱子而不廢佛事」[197]，儒釋兩教和平共處，互不干擾。又中贛縣喪祭之俗，既有「遵文公家禮」的，也有「崇尚佛事者」。

> （贛縣）喪祭，往時多遵文公家禮，銘旌車服悉如其制，亦有崇尚佛事者⋯⋯近來五方雜處，尤從佛事居多

197 同治《瑞昌縣志》卷一《地理志・風俗》，同治十年刻本。

焉。[198]

德興等地方，其喪禮被稱為「最為近古」，「不敢弛禮」的同時，亦「唯崇尚浮屠」，縉紳不免：

> （德興）邑俗，喪禮最為近古。臨喪之日，擗踴哭泣，室不舉火，親鄰或具糜粥相吊。自始殮以至卒哭，無敢弛禮，唯崇尚浮屠，搢紳家猶或不免。[199]

但在正統的儒家學者看來，喪俗中雜用佛事，已經有悖禮制，更何況過於崇尚浮屠之教，可能會威脅到《家禮》的地位。例如南康縣一帶，喪俗以「作佛事」為特色的同時，是家奠之禮「不盡用文公禮」的現實：

> （南康）親死，延浮屠，作佛事。有力之家則請鄉紳題主，行家奠，不盡用文公禮。[200]

定南縣等地方的喪俗，除少量不用僧道而行《家禮》者外，多數都「信浮屠，通經禮懺」，否則將受到社會指責，「以為薄

198　康熙《贛縣志》卷三《輿地志二‧風俗》。
199　民國《德興縣志》卷一《地理志‧風俗》。
200　同治《南康縣志》卷一《地理志‧風俗》。

其親」：

> （定南）喪葬，信浮屠，通經禮懺，名為超度。非是，
> 則以為薄其親。間有不用僧道而行家奠禮者。但親戚祭吊，
> 或穿吉服以侈美觀，亦不免失禮。[201]

瑞金縣喪俗「多用浮屠法，鮮有能行古禮者。間有依溫公書
儀及文公家禮，俗反用為嗤笑」[202]。

佛教在喪俗中的重要性，主要表現為它在正統的喪制中，楔
入了七七超度、中元超度等環節，改變了喪俗由儒家文化一統天
下的局面，形成喪俗中儒釋文化既同時共存，又互相競爭的面
貌。例如，瑞金縣喪俗中的一個重要項目，是「每七作齋醮」，
稱為「應七」：

> （瑞金）自始死數日以七計，每七作齋醮，曰「應七」。
> 或數至某七，恰逢初七、十七、二十七等日，則曰「撞某
> 七」。至七七四十九日，則曰「滿七」。若撞滿七者，則曰
> 「回煞」，將不利於家人。至期，陳祭品於庭，合家男婦盡
> 行回避。[203]

201 同治《定南廳志》卷六《風俗》。
202 道光《瑞金縣志》卷一《輿地志・風俗》。
203 道光《瑞金縣志》卷一《輿地志・風俗》。

進賢等地喪俗中也有類似的環節，稱為「接七」：

> （進賢）喪之七夕，其前夕舉家哭門外，謂之「接七」。設酒食祭奠，餘七亦如之。[204]

安義喪俗中的這個環節，稱為「做七」：

> （安義）縣俗，自臨終起，間七日一奠，延僧道於家，款神念經，以七七四十九日為斷，名曰「做七」。七七終了，則裝紙箱，紮紙屋，貯楮幣以焚之，名曰「寄庫」。唯五七，有女者，須女為之做七，念血盆經，用僧在前。除士大夫家有能循古禮者外，大致迷信僧道，有做七之舉。[205]

於都縣喪俗中的「救苦」，也與「應七」、「接七」類似，「於棺前作佛事，歷七日而止」：

> （於都）親死，子號泣拜，以鐘（置）於寢前，如親壽數叩之，謂之「送終」。冬二日，夏一日率就殮，不掘肆，架棺於室。每至酉刻，於棺前作佛事，歷七日而止，謂之「救苦」。每屆七日以三牲哭奠，至七七而止，謂之「獻

204　同治《進賢縣志》卷二《輿地・風俗》，同治十年刻本。
205　民國《安義縣志》卷二《教育志・禮俗上・喪禮》。

七」。富者又於頭七或尾七，糾族陪賓，大受諸親拜奠，謂之「開吊」。[206]

除了「救苦」之外，雩都還有七月延僧禮懺的習慣，稱為「做中元」：

> （於都）至七月，延僧作佛事，或三日、五日，有至七日者，謂之「做中元」。[207]

崇仁一帶，甚至在「七七「以外的「百日」、「期年」等時候，也「用浮屠度亡破獄」。[208]在湖口等地，雖然不是「延僧作佛事」，而是「延巫觀燈」，但其所為「七七」之法，與浮屠之教並無二致：

> （崇仁）喪禮：大小斂厚薄不一，服從制。始之夕則延巫觀燈，每七日一祝奠，至四十九日而止。[209]

喪俗中的這類「救苦」、「做中元」習尚，實際是建立在佛教的「亡人罪重」的理論基礎之上的，民間希望通過這些儀式為

---

206 同治《雩都縣志》卷五《風俗志》。
207 同治《雩都縣志》卷五《風俗志》。
208 道光《崇仁縣志》卷一《疆域部・風俗》。
209 同治《湖口縣志》卷一《地理志・風俗》。

死去的親人「破獄度亡」，免受陰間牢獄之苦：

> （南昌）喪之七日，其前夕舉家哭門外，謂「接七」，
> 設酒食祭奠。餘七皆然，滿七止（謂七七四十九日也）。遇
> 七日（初七、十七、二十七），為撞七，巫輒曰亡人罪重，
> 愚者信之，召僧道破獄度亡，陷親大惡而不恥。[210]

在正統士紳看來，這些「用浮屠度亡破獄」的說法和做法，
與儒家正統喪制完全不能相容，是明顯的「非禮」之舉。[211]因
此，批判「崇尚佛事」的喪俗，改革喪俗中「非禮」之處，以期
喪俗「返朴歸淳」，就顯得非常重要。

於都一帶士紳，對喪禮中的諸多佛事曾作猛烈的批判，認為
其「惑於佛氏之教」，有悖「先王之禮」：

> （於都）不佳者莫過喪禮。叩鐘之說，妄矣。救苦作中
> 元，以親為罪人，而惑於佛氏之教，其為非禮，猶屬易辨。
> 獻七、開吊似為不忘其親，然禮有朝夕，哭奠不俟七日，有
> 朔望哭奠，不止七七。吊於殮，於葬、於反哭，有禮，又不
> 必另期開吊。且皆按七日行之，七七仍佛氏之說，而非先王

210　同治《南昌縣志》卷一《輿地志·風俗》。
211　道光《崇仁縣志》卷一《疆域部·風俗》。

之禮也。[212]

尤其是對「鬼拘親」之說和「走七」之俗，更是深惡痛絕，認為其「以荒唐之說而棄柩不守，斯惡斯倍，竟至於是」，盲從其說者可謂禽獸不如：

> （於都）親死，按七設奠，已惑於佛氏之說。近且以死者七七之數，與月之三七日相值，謂有鬼拘親，來室更索人隨，相率徙避，名為「走七」。推孝子之心，親死而能見形，得一見面，求不可得，相隨地下，亦所甘心。乃以荒唐之說而棄柩不守，斯惡斯倍，竟至於是！反不如禽獸之翔回鳴號，跼蹢躑躅矣。[213]

除了對「做七」等佛事予以猛烈批判外，還應改革此等「陋俗」，改行《家禮》，以使風俗轉漓為淳。例如，黎川一帶的士紳，乾隆年間曾提倡男子之喪改用《家禮》的運動：

> （黎川）喪事用浮屠，近士大夫家男子喪，多仿行朱文公家禮，唯婦女喪尚仍舊俗。[214]

---

212 同治《雩都縣志》卷五《風俗志》。
213 同治《雩都縣志》卷五《風俗志》。
214 乾隆《新城縣志》卷七《風俗志・崇尚》，乾隆十六年刻本。

　　德化等地同治年間也有「士大夫依朱子《家禮》」，改革喪葬儀節，「鄉民化之」。[215]萬載一帶士紳針對「僧道入門，已違喪禮」現象，於清季發起排斥僧道主持醮儀的運動，而代之以所謂的「儒醮」，由士紳主持喪事的醮儀。但有論者指出，儒醮「似道非道，莫知其非」，殊覺不成體統。且這種改革亦效果欠佳，時民國，亦已「衰息矣」。[216]

　　喪俗改革之所以效果不彰的原因很多，其中，經濟地位未能劃一，尤其是下層民眾無法承擔全部「儀節」，可能是重要的一端。按照《家禮》的規定，整個喪葬過程所用花費其實是一筆很大的開支，對貧苦百姓而言，很難遍行「諸儀節」。如樂平一帶，依《家禮》則喪制極繁：

　　　　（樂平）始卒及含殮，多遵朱子《家禮》，或五日、或七日成服。族長幼畢集，主人必設飯以待。始訃告親友，治喪則親友各具香燭致奠，主人答以繒帛，儉者以布。將葬，咸屬白衣冠往送，或先期設祭、請賓、起棺、發引、題紅、妥靈、祀土，凡五位，其贊襄為通為引，少則四人六人，多則八人十人。櫬用磚。三日展祭，標插紙錢。[217]

215　同治《德化縣志》卷八《風俗》。
216　民國《萬載縣志》卷一《方輿志‧風俗》。
217　同治《樂平縣志》卷一《地理志‧風俗》。

只有那些「有餘之家」，才能遵行「諸儀節」。此外，當崇尚佛事在喪俗中成為一種傳統，並且由於儒家「孝」道追求與佛教「度亡破獄」理論之結合而愈加緊密之後，這一習俗就很難輕易改易，「習俗移人，往往不免」。[218]進入民國以後，新式知識分子也曾對舊喪俗進行些許改革，如在贛縣一帶，「近年來，亦有仿歐俗臂纏黑紗者矣」[219]。但都無法將破壞力觸及舊喪俗的核心，江西喪俗與佛事的關係依然相當緊密。

（二）堪輿與葬俗

如果說江西喪俗中的「做七」、「救苦」等環節，應歸結為佛教的「外來的」影響的話，那麼，江西葬俗中對堪輿的講究，則源於中國「本土的」文化傳統。關於「堪輿」的本意，張晏解釋：「天地總名也。」堪輿學即研究天地相交之道的學說。它將中國傳統的河圖洛書和陰陽五行等學說結合在一起，將天道運行、地氣流轉與人的命運盛衰，完整地結合在一起，強調通過辨識「地理」，探究趨吉避凶之道。

江西歷史上極重堪輿之學，唐代堪輿名家楊筠松在江西廣泛傳播，頗具聲勢，影響遍及大江南北。楊筠松為竇州人，唐僖宗時「掌靈台地理事」，黃巢起義攻破長安，「乃斷髮入昆侖山，步龍」，後寓居虔州（今贛州），將「地理術」授予雩都的曾文

218 同治《樂平縣志》卷一《地理志·風俗》。
219 民國《贛縣新志稿·人文篇》第十七章《社會·風俗》。

迅、劉江東等人，後卒於贛州，其墓葬在雩都。[220]曾文迅、劉江東等人，又將楊派堪輿學從虔州向全省傳播。如曾文迅，就將其師之學從虔州傳到袁州、豫章等：

> 曾文迅，雩都崇賢里人。師事楊筠松，凡天文纖緯、黃庭內景之書，靡不根究，尤精地理。（五代）梁貞明間至袁州萬載，受西山之勝，謂其徒曰：「死葬我於此。」卒如其言。後其徒忽見於豫章，歸啟其柩，無有也。所著有《八分歌》二卷。[221]

曾文迅、劉江東以及其後的學者，對楊派堪輿學的傳承的重要貢獻，是將早先「不著文字」的傳統，向整理「口訣」，進而著書立說的方向發展，由此形成系統化的楊派堪輿學理論。其中曾文迅的《八分歌》、劉江東裔孫劉謙的《囊經》等著作寫成後，一時「人傳誦之」：

> 劉江東，雩都人。楊筠松在虔州，江東因同曾文迅傳其術。初楊與曾並不著文字，江東稍有口訣。其裔孫謙為宋吏部郎中，知袁州事，乃著《囊經》七篇。詞旨明暢，人傳誦

220　光緒《江西通志》卷一七〇《方術》，光緒七年刻本。
221　光緒《江西通志》卷一七〇《方術》。

之。**222**

　　此後，江西堪輿學習者日增，影響大盛，大師與名著不斷出現，甚至出現一些具有世代傳承堪輿之學的世家。如寧都的廖家，就是有名的堪輿世家。其中宋代的廖瑀，精通堪輿，著有《懷玉經》傳世，而其學問則源自乃父的「三傳堪輿之術」**223**。其裔孫明代的廖均卿，也因堪輿之學造詣精深而聲名卓著，後經禮部尚書推薦，曾為明成祖與仁孝皇後選得「吉壤」：

　　　　廖均卿，瑀之裔。成祖卜壽陵，久不得吉壤。永樂七
　　年，仁孝皇後未葬，禮部尚書趙羾引均卿。至昌平，得縣東
　　黃土山最吉。車駕即日臨視，定議，封為天壽山。命武義伯
　　王通等董役，授均卿官。**224**

　　由此可見，江西人研究堪輿學有深厚的傳統，無論築城、蓋屋等「陽宅」的選址，還是墓葬等「陰宅」的布置，江西人都強調進行堪輿方面的論證。但也往往沉溺於堪輿之說，「認為一切丁、財、貴、富，俱決定於住宅之陽風水，或地墳之陰風水」，以致生出種種弊端。如：

222　光緒《江西通志》卷一七〇《方術》。
223　光緒《江西通志》卷一七〇《方術》。
224　光緒《江西通志》卷一七〇《方術》。

（崇義）邑人生病，或乏子嗣，或有稍不如意者，輒求神拜佛，藉以禳災求福。尤惑於風水之說，以為一切丁、財、貴、富，俱決定於住宅之陽風水，或地墳之陰風水。故一般看相算命、堪輿及三姑六婆之流，到處受人歡迎，無論婚喜喪葬事件，或興建工程，無不先請陰陽家擇定時日方位，方敢舉行。如值日蝕月蝕，或彗星出現，以為天將降下災亂；如遇迅雷驟雨，疑為有什麼神祇過界，多燃炮以迓。[225]

尤其是在江西的葬俗中，迷信堪輿之習最為集中，江西各地普遍流行的「停柩不葬」現象，其咎主要在此。如武寧、瑞昌等地的葬俗，或「惑於陰陽」，或「拘形家言」，或因「信任風水之過」，而導致久殯不葬：

（武寧）或葬無定期，惑於陰陽諱故也。[226]
（瑞昌）或拘形家言，殯久不舉，舉久不厝。[227]

德安等地拘於「時月風水不利」之說，有經數年而葬者：

（德安）民間多初喪三五日即葬，或殯於山上，擇日乃

---

225 民國《崇義縣志稿》卷四《人文篇·社會》。
226 乾隆《武寧縣志》卷八《風俗》。
227 同治《瑞昌縣志》卷一《地理志·風俗》。

葬。唯高堂停柩，逾月治喪……或時月風水不利，經二三年
乃葬者亦有焉。**228**

臨川一帶也有多年停柩不葬的「弊俗」，其根源也是人們
「每泥於風水之說」**229**豐城一帶更是「人人自命郭璞」，迷信堪
輿，甚至有「累世不窆者」：

> （豐城）今俗父母死，堪輿圖吉穴，殯諸野，至有累世
> 不窆者。村夫學究，人人自命郭璞，主家信之，惑亦甚矣。**230**

南豐一帶，停放這些一二年，或十數年，或數世的棺槨的所
在，稱為「停屋」，其營建甚至「華好如書舍」：

> （南豐）出殯，多權近郊，謂之停屋，停屋有華好如書
> 舍者。停或一二年，或十數年，甚者至於數世。**231**

萬安一帶人們「惑於風水」，往往「停柩不葬」，或者「既
葬復遷」，以致有因「謀人吉穴」而啟訟端者：

228 同治《德安縣志》卷三《地理志·風俗》。
229 同治《臨川縣志》卷十二上《地理志·風俗》。
230 同治《豐城縣志》卷二《地理志二·風俗》。
231 民國《南豐縣志》卷一《疆域志上·風俗》。

（萬安）邇來有惑於風水者，或停柩不葬，或既葬復遷，甚至謀人吉穴，取非其有，以致構訟。不知葬者，藏也。葬必擇地者，特取其高燥與不近城郭之所耳。如以父母之遺骸，為子孫求富貴之具，安乎哉？[232]

堪輿之說在江西等南方地區特盛，從地理學的角度來看，是有一定的客觀原因的。遠古時代的葬禮，據《周易・繫辭下》記載，「厚衣之以薪，葬之中野，不封不樹，喪期無數」[233]。後來，隨著社會的進步，人類對死亡的認識逐漸深化的同時，也賦予死亡以濃厚的文化意義。在中國古代，人們也將死亡與「孝」等文化結合在一起。《呂氏春秋》就指出，在「孝」等觀念的作用下，「葬死之義」被發展出來：

孝子之重其親也，慈親之愛其子也，痛於肌骨，性也。所重所愛，死而棄之溝壑，人之情不忍為也，故有葬死之義。[234]

正是出於保護死去親人的屍體，防止「棄之溝壑」的危險，中國傳統葬制強調「入土為安」。因而，土葬也成為中國傳統葬

232　同治《萬安縣志》卷一《方輿志・風俗》。

233　徐子宏譯注：《周易》，貴州人民出版社二〇〇九年版，第309頁。

234　沈延國、楊寬等：《呂氏春秋匯校・孟冬紀第十・節喪》，中華書局一九三七年版，第228頁。

俗的主要形式。但在中國南方，由於地理多山與氣候潮濕的特點，土葬選址要特別謹慎，否則極易產生「葬高受風，則白蟻生；葬卑受濕，而蟻亦生」的結果：

（安遠）擇葬宜慎。程子亦曰：卜其宅，兆地美，則神靈安，子孫盛，地惡反是。惟吾患不得不謹，不為道路，不為城郭，不為溝地，不為貴勢所奪，不為耕犁所及，初非青鳥家風水之說也。安遠多山，葬高受風，則白蟻生；葬卑受濕，而蟻亦生焉。為人子孫誠不可不慎。**235**

贛縣一帶特重風水，雖有追求「福蔭」的主觀考慮，但也存在地理因素等客觀原因：

（贛縣）多山谷，葬高則受風而蟻生，葬卑則受濕而水至。故擇葬者每以福蔭之故，久暴其親。**236**

信豐一帶「墳墓惑於堪輿之說」，其客觀原因與前述各地大略相同，為防止水蟻侵及屍骨，不僅「擇葬宜慎」，必要時還存在「間有檢視改葬」的情況：

235 同治《安遠縣志》卷一之八《地理志·風俗》。
236 同治《贛縣志》卷八《地理志·風俗》，同治十一年刻本。

（信豐）墳墓惑於堪輿之說，覬風水而啟奸謀。其始緣信邑□□少而山澤多，地氣疏薄，稍誤則水蟻及之，是以擇葬宜慎，間有檢視改葬。此固不忍置先骸於蟲蝕，為勢所不得已。[237]

江西葬俗中停柩不葬之風的形成，除了前述地形、氣候等客觀因素外，還與「俗尚侈靡」有關。例如於都等地「停柩不葬」之流行，其原因包括以下兩端：

（於都）停柩不葬，有至數年十數年，甚而數十年者。其原有二，一由南方地濕，懼水蟻之為害，擇地無吉，或不敢葬；一由俗尚侈靡，親死以散帛廣致，客多為能，懼喪無費，或處居隘而不葬。前者由於愛親，後者由於徇懼兩番之費。停一人而俟一人，送往事居，皆無人子心矣。[238]

但「停柩不葬」等風習之所以形成，其更主要的原因卻是普遍存在的追求富貴的功利觀念。在江西，多數停葬現象或擇葬現象，都與追求富貴的功利觀念有關。例如在新建縣，「堪輿重於今古」，停葬、不葬現象非常普遍，有人批評這是「重富貴之思，昧仁孝之義」：

237　乾隆《信豐縣志》卷一《疆域志上‧風俗》。
238　同治《雩都縣志》卷五《風俗志》。

（新建）堪輿重於今古，而新建尤甚。家藏郭璞之書，圖穴選方，拘忌時日。或暴露其親至數十年，一門中或數世不葬。重富貴之思，昧仁孝之義已。[239]

南豐等地過分注重堪輿，不僅存在因擇吉穴而停葬的普遍現象，但吉穴卻往往不易尋得，為此子孫只好將屍骨改裝以小槥，埋入祖墳，將死者「附身之物」取出，時人認為這真是「慘不忍言」：

（南豐）停或一二年，或十數年，甚者至於數世。及其擇地不效，仍歸祖塋，塋狹不容棺，則易用小槥。前日附身之物，直以為生人美觀，而其慘有不忍言者矣。[240]

瑞金一帶迷信風水之說，往往在下葬十餘年，子孫會開啟墓棺，以一定方法「驗穴之吉否」：

（瑞金）俗信風水，往往葬後十餘年，自行開視，以驗穴之吉否。揆之古不修墓之義，未為當也。[241]

239 同治《新建縣志》卷十五《邑肇志·風俗》，同治十年刻本。
240 民國《南豐縣志》卷一《疆域志上·風俗》。
241 道光《瑞金縣志》卷一《輿地志·風俗》。

定南等地惑於「形家言」，為求吉穴，往往將已葬之墓「改葬」，尤其流行冬至改葬，雖經勸禁，而「此俗竟牢不可破」：

（定南）好談風水，多惑形家言。清明、冬至改葬者紛紛。夫勸禁頻仍，牧斯土者化導亦勤矣，何此俗竟牢不可破焉？不可解也。**242**

在官紳看來，過分沉溺於堪輿之說，為求吉穴而停葬、不葬、改葬的做法，不僅無視正統葬制，有違孝道精神，直視死者屍骨為追求富貴的工具，而且還時常引發各種嚴重的社會問題。例如湖口等地，由於「堪輿惑人」，常常發生「葬或滋事」的情況：

（湖口）貧者七日內即葬，故有「三朝一七，不論吉凶」之諺。中產以上擇期卜地，多停柩不葬，葬或滋事，則堪輿之惑人也。**243**

信豐一帶，「豪民」為求吉穴，往往「謀奪人地」，甚至因此「掘窆隱骸，開窀露骨」，殊為惡跡：

242　同治《定南廳志》卷六《風俗》。
243　同治《湖口縣志》卷一《地理志‧風俗》。

（信豐）豪民則因以謀奪人地，侵占無端，掘窆隱骸，開窆露骨。種種惡跡，可恨可悲。[244]

安遠縣「人信堪輿，惑於福蔭」，頗盛改葬、遷葬之風，為爭吉穴而導致的官司也是「案牘頗多」：

（安遠）然人信堪輿，惑於福蔭，墳山之訟，案牘頗多，更有改葬、遷葬，難免洗筋抹骨之慘。[245]

贛縣等也因迷信風水，而存在大量「或至侵占召禍」的情況，其中「墳墓之訟常多」。[246]黎川也因「葬惑陰陽家言」，常有「侵迫他山者」，甚至發生「誘賣竊葬，起爭訟」：

（黎川）葬惑陰陽家言，依祖塋者不必順昭穆。或至侵迫他山者，誘賣竊葬，輒起爭訟。他邑皆然，不獨新城也。[247]

244 乾隆《信豐縣志》卷一《疆域志上·風俗》。
245 同治《安遠縣志》卷一《地理志·風俗》。
246 同治《贛縣志》卷八《地理志·風俗》。
247 乾隆《新城縣志》卷七《風俗志·崇尚》。

　　對江西葬俗沉溺於堪輿之說，導致前述倫理問題與社會問題的大量出現的情況，官府與士紳看得十分清楚，其對堪輿之習的批判也從未停止過。例如，在豐城的地方官和士紳看來，「暴葬」之風有傷孝道，實為當地四大陋俗之一：

　　　　（豐城）邑俗之不美者亦四……四曰暴葬。葬者，藏也。藏親之魂質於地，是以人子盡心焉。太宰李古澹正家條約，以停柩為大不孝，非徒傷末俗，實以發至性也。今有數十年不葬者，有終身竟不葬者。律以五刑之屬，其罪實不容誅。禮親未葬，雖禫不除服，將以故興物也，宜亟圖之，以全其孝。**248**

　　在正統士紳看來，「擇地葬親」是應當提倡的，但長期停葬卻違背了「落土為安」的葬禮原旨：

　　　　葬者，藏也，藏之永不復見也。孔子云：「古不修墓，欲其謹始焉。」朱子《家禮》言：「葬必厚其土。」皆唯恐藏之不深矣。如之何可改遷哉？人子盡心，只及於目之所見。凡衣衾棺木，及灰炭所宜用之物，無不備而盡制。至於地之美惡，則猶人母之有善不善焉。古人云：「亡人以落土為安。」蓋地為母，一落土，則子歸母而自安也，所以柩宜

248 同治《豐城縣志》卷二《地理志二‧風俗》。

葬不宜停。[249]

如此看來，人與大地的關係猶如一對母子，入土之時，即是子歸母懷之日。因此，下葬之後，不宜改葬，否則猶如不孝之子棄母他適：

> 若既葬之，所謂生有一所，死有一土。觀佳城之待沈彬，來吉穴之俟九鯉，皆皆有其一定，亦猶人子各有一母也。各有一母，則母善乃遇之善也，終身依之可也。母不善乃遇之不善也，亦終身依之可也。胡可棄之而他適哉？[250]

而且，改葬之時令人「細檢骨骸」，也大違禮制：

> 《禮》云：「男子不死於婦人之手，婦人不死於男子之手。」所以別嫌也。且生不見體，而死後竟令他人細檢骨骸，誰非人子，何忍心害理若是！[251]

那些沉溺風水之說，「貪求吉地，久未安厝」者，忍心將雙

---

249 （清）陳朝員：《改葬論》，同治《萬年縣志》卷十一《藝文志・論》，同治十年刻本。

250 （清）陳朝員：《改葬論》，同治《萬年縣志》卷十一《藝文志・論》。

251 （清）陳朝員：《改葬論》，同治《萬年縣志》卷十一《藝文志・論》。

親屍骨暴露，「以自求福」，實在是「本心已喪」：

> （德興）其最惑者，溺風水說，貪求吉地，久未安厝，
> 則俗情之蔽也。夫忍其親之暴露，以自求福，其本心已喪
> 矣。錢仁夫詩云：「肯信人間好風水，山頭不在在心頭。」
> 斯言可為習俗下一針砭。[252]

因此，為人子孫者切勿聽信「堪輿簧口禍福之說」，而將一
切休咎歸之於無影無形之風水，而應當自強不息，否則，改葬不
僅不能「求福」，而且是既「犯禮」又「犯罪」的蠢事：

> 吾願為人子孫者，唯當自強，毋歸咎於朽骨。祖父母未
> 有不愛其子若孫者，第聽吾自強何如耳。吾自強而為忠孝，
> 則祖父母即為忠孝之祖父母，吾自強而為聖賢，則祖父母即
> 為聖賢之祖父母。是有不朽之事而可獲不朽之名也。祖父母
> 之榮何如耶？萬勿聽堪輿簧口禍福之說，一以為吉，擇而葬
> 之，一以為凶，改而起之。夫改起即犯禮，犯禮即犯罪，而
> 禍不免矣。改葬求福乎哉？[253]

對於地方官而言，停葬、不葬、改葬等地方陋習，不僅違背

252　民國《德興縣志》卷一《地理志・風俗》。
253　民國《德興縣志》卷一《地理志・風俗》。

禮制，而且有干國法，因此，省府縣各級地方官不斷重申禁令，希圖改革葬俗。例如，康熙四十九年（1710）江西按察使吳存禮曾發表告示，重申國法，要求革除全省的「停柩積習」：

> 康熙四十九年江西按察使吳存禮，示為嚴禁停柩積習，以挽頹風，以敦厚道事。按律，凡有喪之家，必須依限安葬，若惑於風水及托故停柩在家，經年暴露者，杖八十。查江西地方，狃於積習，每每停柩逾期，而南康更有因家貧無財，停喪數載，或至十餘年，甚有子死而孫不能葬者。日久歲深，屍柩暴露，設遇水火，保無焚掠之虞，良可悼嘆。況圖謀風水，必至爭山盜葬，或至挾買強占，種種貪求，遂至訐告不已。甚者，率眾登山毆斃人命，是福未至而禍先招，殊不知風水非可強求而得者。諺云：「陰地不如心地。」誠有見而云然。今停喪之俗，不惟越禮干咎，更非孝子慈孫所忍為也。凡士庶之家，務宜痛改積習，確遵律例，庶孝道可全，而俗反敦龐矣。**254**

至於所謂「洗筋溜骨」、「殘毀祖骸，陰賊人墓」等，官府更是深惡痛絕。雍正間按察使凌燽曾針對該俗發布諭令，痛斥其非：

　　本署司下車以來，稔知江右風俗惑於風水，謬謂功名富貴全恃剩骨遺骸，恣行悖亂，駭見駭聞。不特齊民編戶，即紳士之家，率亦不免。以致不逞之徒，或貪人秀穴，盜遷百十年已葬之祖骸。或藉稱侵祖，毀滅風馬牛不相及之鄰冢；或就人墳地暗立封堆；或將人祖墓潛埋碑石。贛南惡俗，更有將已故父母骸骨安葬二三年後，仍行起出，用水洗刷，視骸骨之紅白，以驗吉凶，謂之洗筋。凶殘悖逆，莫甚於此。而衿士齊民，恬然安之，毫不為怪。雖經痛切示禁，愚罔之民，錮弊既深。而不法地棍，托名堪輿，恣為唆弄，以行誆騙。惡風日熾，遺害何窮？近更訪有將祖父舊骸，用袋撿包，在他人墳頂上挖洞鑽埋。更有將祖父枯骨燒化成灰，以灰調水，用鐵管流入他人冢內者。殊不念先人之骸骨何辜，遭此慘毒，他人之墳塋何罪，罹此凶殘，斯豈天理可容，王法可宥耶？誰無祖、父，寧忍野骸同穴。[255]

凌燽認為，這類行為似為求福，而干犯國法，終將招禍：

　　一經察覺，知其姓氏，則經眾鳴官，按擬重辟；不知姓氏，則起出骨灰，或棄擲荒穢，或懸掛樹枝。坐使祖骨拋殘，身家殄滅。以此而思，為祖、父計，孝歟，罪歟？為子

---

[255]　（清）凌燽：《禁盜葬封堆洗筋溜骨等惡習》，（清）凌燽：《西江視臬紀事》卷四，第122-123頁。

孫計，福歟，禍歟？查律載，於有主墳內盜葬者，杖八十，勒限移葬；經年不葬暴露者，亦杖八十。又開棺見屍者，絞；卑幼發尊長墳冢見屍者，斬。若棄屍賣墳地者，罪亦如之。何等森嚴明晰，是停柩盜葬猶干禁律，無故發掘，更罹嚴刑。況殘毀祖骸，陰賊人墓耶？是未來之富貴難期，現在之災殃立至，甚至此爭彼角，立釀命端，所爭者吉地歟，未得而已受其禍，得之又安在是福？所爭者凶地歟，則又何苦蔑祖忘身，僥幸非分？[256]

凌燽要求地方「速改惡習」，不得再有停柩、改遷、盜葬、洗筋等惡行，否則將「立置重典」：

大抵漆室佳城，原由前定，「陰地不如心地」，雖屬恆言，實為至理，斷無凶殘除狘可以獲地致祥。本署司深悉其由，苟有干犯，執法必嚴。誠恐愚民罔識，惡習難移，合再嚴行示禁。嗣後速改惡習，凡有停柩者，即行營葬；已經安厝者，不許改遷。務使窀穸永寧，庶幾生安死順。倘有貪穴盜葬，暗立封堆，密埋碑石，種種不法，一有干犯，律處不寬。至於洗筋惡俗，尤所痛惡，以及起挖舊骸，鑽頂盜穴，並以骨灰溜入他人塋內者，或經告發，或被查出，唯有按擬

256 （清）凌燽：《禁盜葬封堆洗筋溜骨等惡習》，（清）凌燽：《西江視臬紀事》卷四，第122-123頁。

斬辟，立置重典。地師堪輿誘惑教唆，即與同罪。本署司職
膺風紀，絕不少事姑容，以貽地方風俗之害。[257]

乾隆十九年（1746），地方官再申嚴旨，要求對參與「掘屍
洗筋」之人，施以嚴懲；同時，江西學憲還以之為試題，要求全
省考生「援引唐呂才之說，力辟楊、廖之徒」，以期整頓江西葬
俗：

　　乾隆十一年，奉旨定例，嚴禁有將已葬祖父母、父母及
五服內尊長屍骸發掘洗筋者，均照服制毀棄坐罪；幫同洗撿
之人，坐為從；地保扶同隱匿，坐滿杖等語。是年冬，科試
學憲金德瑛以之策士，援引唐呂才之說，力辟楊、廖之徒，
深切嚴明，皆所以維贛屬之風俗也。圖風水者，其回心知警
乎？[258]

又如南康知縣葛淳，曾注意到本縣民間存在「惑於堪輿之
說」，為求吉穴，發生盜葬、洗筋等惡俗，要求嚴厲禁止此類行
為：

257　（清）凌燾：《禁盜葬封堆洗筋溜骨等惡習》，（清）凌燾：《西江視
　　臬紀事》卷四，第 122-123 頁。
258　同治《安遠縣志》卷一之八《地理志·風俗》。

（南康）邑愚民惑於堪輿之說，以祖父母筋骸求子孫福澤，有盜葬他人地者；有眾家地而私賄一人謀買者；甚有誘其浮蕩子孫，挖去祖父母筋骸而謀買者；且有冒認他人之祖墳，先改其掛面，妄思涉訟幸勝，然後挖其筋骸而改葬己之祖父母者。此等惡習，深可痛恨。不知人死則以入土為安，故為子孫者以得安穩之地葬其親為了卻大事，至於風水蔭發子孫之說，本屬渺茫，即有之亦非強求可得，且亦非乞丐盲地師所知。每見從來大地俱於貧窮時無意得之，及至富貴力求好地，而反得消敗者，屈指難數，又何必強求乎？況強求則必壞心術，傷天理，天理人心既喪，即有好地豈復能蔭之？爾等愚民，錮蔽已深，或反視為迂談，本縣姑即與爾等明地理之說，凡有好地既發，則其秀氣已盡，從而更葬，如食人吐餘，豈復堪飽？且地氣有轉移，時而盛者時而衰，彼之子孫正當衰敗，故得為爾謀買，為爾強挖，彼前享其盛，而爾後承其敗，雖至愚者不為。即有空地而我強占之，謀買之，自謂得計，然方葬而即遭一場官事，則其地之不佳亦可知矣。**259**

官府整頓民間葬俗時，有時還注意到「地師」等是主持民間堪輿活動的主要人群，因此，要改造民間喪俗中，還必須從源頭

259 （清）葛淳：《禁惑堪輿諭》，同治《南康縣志》卷一《地理志·風俗》。

上做起，將主持堪輿活動的「地師」、「看風水者」予以清除。因此，改革葬俗陋習的改革有時也會發展為清剿「地師」的運動。前述南康知縣的諭令中，就針對這些「看風水者」、「地師」制定了清剿策略：

> （南康）紛紛相習成風，皆由惑於地師之說也。夫堪輿之書，汗牛充棟，明之者少，彼乞食游棍師傅，不過數紙一卷耳，豈復能識其微者？本縣於去冬在猶邑會審匪案，諸匪犯大半係看風水者，其人皆凶惡愚昧，方位不辨，何知地理，誤認殺氣為旺氣，哄動首逆奸心，且彼亦各有家庭教育，果明地理，何以與首逆俱身陷大刑乎？此尤其鑿然可鑑者，爾等愚民當洗心滌慮，勿為所欺，復蹈故轍。本縣一片苦心，反覆開導，如仍不知悔悟，一經告發，除按法重懲外，仍窮究地師，大法處治，其原告亦著先查地師何人，本籍何縣，現寓何家，首名具控，以便速拿，毋致兔脫。為此，通行曉諭，各宜凜遵。[260]

地方官與正統士紳對江西民間迷信堪輿之喪俗的批判與整頓，不可謂用力不勤，但往往收效不彰。往往運動發展之際，此風稍戢，而平日則仍其舊貫。如進賢縣曾有士大夫「力矯其

260　（清）葛淳：《禁惑堪輿諭》，同治《南康縣志》卷一《地理志・風俗》。

敝」，但廣大民眾卻「終莫為之」：

> （進賢）唯俗信地師家言，圖穴選方，拘忌時日，重富
> 貴之思，昧仁孝之義。即一二士大夫家，力矯其弊，終莫為
> 之，家喻而戶曉也。[261]

樂平一帶喪葬禮俗「至於崇釋老、信堪輿、停柩待吉」，也
因「習俗移人，往往不免焉」。[262]即使是被寄予厚望負有教化民
眾之責的士大夫，也因「習俗移人」而「賢者不免」。如都昌一
帶，「中產以上」之人也多「惑於堪輿之說」：

> （都昌）中產以上，擇期卜地，多停柩不葬，葬或滋
> 事，則惑於堪輿之說。所謂習俗移人，賢者不免也。[263]

（三）奢靡喪葬

江西喪葬習俗中，競相奢靡也是一個突出的現象。正統喪葬
禮制盡管繁瑣，但並不主張「過費以耗財」，也反對「因貧而廢
禮」，強調按照各自的經濟地位，「稱家有無」行禮：

---

261 同治《進賢縣志》卷二《輿地・風俗》。
262 同治《樂平縣志》卷一《地理志・風俗》。
263 同治《都昌縣志》卷一《封域志・風俗》，同治十一年刻本。

至於制用之道，不過費以耗財，亦不因貧而廢禮。隨時撙節，稱家有無，尤理之不可易也。**264**

而對於那些在辦喪葬事宜時競事鋪張，奢靡浪費，進而失去禮制真意的情況，儒家強調毋奢寧儉：

林放問禮之本。子曰：「大哉問！禮，與其奢也，寧儉；喪，與其易也，寧戚。」**265**

盡管如此，江西傳統喪葬習俗中奢靡鋪張的情況卻是普遍存在的。例如贛縣一帶，士大夫家雖「猶守家禮」，但卻強調「粉飾美觀」，「用費加奢」：

（贛縣）喪祭，往時多遵文公家禮，銘旌車服罔敢逾制。今士大夫家雖猶守家禮，而粉飾以美觀瞻，用費更加奢矣。**266**

喪葬過程中的奢靡浪費，尤以大肆宴請吃喝為最。此不僅有悖「盡哀以禮」之精神，而且相互競爭，形成鋪張浪費之風，影

264　（宋）陸九韶：《陵梭山居家正本制用篇》，（清）陳弘謀輯：《五種遺規·訓俗遺規》卷一，中華書局一九三六年版。

265　《論語·八佾》，毛子水注譯，重慶出版社二〇〇九年版，第33頁。

266　乾隆《贛縣志》卷一《疆域志·風俗》。

響極壞。如進賢等地，死者入殮之際，喪家需要請吃「關風飯」，屆期親族皆至，場面如同赴宴：

　　（進賢）其喪葬，父母歿，親族皆至。殮日設飯，謂之「關風飯」。[267]

南昌縣請「關風飯」時，「九族皆至」，因花費巨大，「貧者苦之」：

　　（南昌）親沒，九族皆至。殮，設飯，謂關風，貧者苦之。[268]

豐城一帶的請「關風飯」之俗，「貧者苦之」，而富者卻以「豐厚相誇」：

　　（豐城）俗親歿，九族皆至。斂，設飯謂關風飯。貧者苦之，富者以豐厚相誇，最為薄俗。[269]

崇仁等地也有請「關風飯」之俗，屆期「九族皆至，大設筵

267　同治《進賢縣志》卷二《輿地·風俗》。
268　同治《南昌縣志》卷一《輿地志·風俗》。
269　同治《豐城縣志》卷二《地理志二·風俗》。

第十章・人生禮俗

1171

席」，花費有至二三百金者。此外，在「七七」內外，還有各種「素飯」、「葷飯」名目，以及散給吊者白布等花銷。故崇仁的一場喪事下來，耗資極大：

> （崇仁）人始死，戚友吉服來看視，行四拜禮，名曰「行幕」。擇時日以殮，設神主。九族皆至，大設筵席，有費二三百金者，謂「關風飯」。貧家及鄉里中多不舉行……其開吊日期在七七內者，設素飯，在七七外者，設葷飯。散給吊者白布，分別貴賤，自士庶以至科名仕宦，多少有差。亦非禮意矣。[270]

信豐等地書旌、吊問之際，「皆張筵設鼓吹」，仿佛是在辦喜事。而且熱衷品評喪具、喪宴等，人子動招「薄親」之譏：

> （信豐）更可議者，喪具稱家有無，唯盡禮制。信邑書旌、吊問，皆張筵設鼓吹。甚而薄棺菲衾，而酒食浮靡，動往數倍。或用巫師以治喪，否則人子有薄親之譏，反受不孝之名。此何說哉？[271]

在這樣的社會氛圍之下，即使貧者對喪葬亦須「竭力為

270　道光《崇仁縣志》卷一《疆域部・風俗》。
271　乾隆《信豐縣志》卷一《疆域志上・風俗》。

之」。如石城縣「際親喪，凡襲殮衣衾之具，竭力為之，貧者亦不敢苟」。即使是「有力之家」，也因「喪祭過費，未免有不節之嗟」。招待參加吊唁的親友時，「必盛饌以款」，回贈的「回帛酬儀」，亦「以豐腆為尚」，「稍有擔石而親喪不如例者，鄉里笑之，加以薄親之名」。乾隆《石城縣志》的修撰者認為，這一陋俗有悖「君子休戚相關之誼」，應力去其弊，以返淳俗：

> （石城）今不以人之親死為戚，而於酒食酬報是議，是遵何道哉！夫物薄意厚，古之良規也。人誰無親，往必有來，亦在士夫毅然倡之，遵其美而去其弊，不愈昭風俗之厚歟！[272]

在崇義縣，富有之家喪葬過程中競事奢華，看似以「靡費以孝親」，但實際卻忘記了孝不在於「歿後追薦」，而應「在平時口體之養，或志氣之養以待親」：

> （崇義）若家族富有或較有地位者，則裝殮衣飾，務求華美，附棺物品亦多珍貴。僧道佛事，或三日連宵、五日連宵、七日連宵不等，焚燒大批紙錢、銅錫箔錠。又請名人點主題旌。吊客盈庭，參加行香、送殯，以炫喪居者地位特殊。似此靡費以孝親，不在平時口體之養，或志氣之養以待

親，而徒以親歿後追薦為孝，此種風俗殊有改革之必要。[273]

除了在奢靡習俗的壓力之下，孝子被迫「竭力為之」，「靡費以孝親」外，參與弔唁的親友也踵事增華，進一步推動靡靡喪葬之風的高漲。如安遠一帶，辦喪事時親友有「送粉湯子」的習俗，原先崇尚簡朴，僅「餉之以粥」，但「厥後增化，變粥而豬肘粉面，紛紛沿襲」，與禮制極不相符：

> （安遠）喪事沿習　俗送粉湯子。思云：君子執親喪，水漿不入口者三日。既殯，食粥，朝一溢米，暮一溢米。既虞，疏食水飲，不食菜果。向有遭喪者，遵禮不食，親戚餉之以粥。厥後增華，變粥而豬肘粉面，紛紛沿襲，幾似親方死而食旨甘也。或曰：親友之饋，即資以款客，何非賻禮之一端。然因親死而饋肉，究無解於食旨之名也。[274]

新建、進賢等地，親友有參與新喪「草弔」、葬日「大弔」的傳統[275]，也因奢靡風氣之影響，講究「弔禮從厚」，「宴弔客，務從豐，否則譏」。[276]

奢靡喪葬之俗，不僅是財富的巨大浪費，而且也造成很多嚴

---

273 民國《崇義縣志稿》卷四《人文篇・社會》。
274 同治《安遠縣志》卷一之八《地理志・風俗》。
275 同治《進賢縣志》卷二《輿地・風俗》。
276 同治《新建縣志》卷十五《邑肇志・風俗》。

重的社會後果。江西地區盛行的停柩不葬之俗，其原因如前述所謂，主要是由於迷信堪輿，然「俗尚侈靡」也在一定程度上起了推波助瀾的作用。

由於奢靡喪葬影響惡劣，作用極壞，歷來官紳對之批判之聲不絕，也不乏力圖整頓之舉。例如，明代王守仁治理南贛時，曾推行著名的「南贛鄉約」，其中一條就是希望通過通行鄉約，整治這一奢靡喪葬之陋俗：

> 父母喪葬，衣衾棺槨但盡誠孝，稱家有無而行。此外，或大作佛事，或盛設宴樂，傾家費財，俱於死者無益。約長等其各諭同約之人，一遵禮制，有仍蹈前非者，即與糾惡簿內書以不孝。[277]

但奢靡喪葬之習，從某種角度而言只是一種文化消費方式而已，其發展與經濟地位與社會發展水平往往是緊密聯繫的。因此，不同社會發展段有不同的喪葬習俗，不同的社會經濟地位也會有不同的喪葬取向。奢靡喪葬往往是富裕階層藉以誇耀其社會經濟地位的一種方式。因此，歷代對奢靡喪葬之風的打擊，往往效果不佳，人亡政息，這是由於社會經濟地位不平等的事實所決定的，很難短期更改。當然，「習俗移人，賢者不免」，一當奢靡消費成為一種習俗，它所產生的惡劣影響將更大，它往往將社

---

[277] 嘉靖《南康縣志》卷十《南贛鄉約》，嘉靖三十四年刻本。

會各階層包括貧苦大眾也竭力「靡費以孝親」。歷代對奢靡喪葬的打擊，主要用意就在於壓制這一風氣之蔓延，進而將喪葬風氣向遵從禮制和「稱家有無」方面引導。

第十一章

民間信仰

　　民間信仰是指民眾自發地對具有超自然力的精神體的信奉與
尊重。在中國歷史上，民間信仰主要是指俗神信仰，它具有強烈
的民間特色。中國民間俗神信仰的一個典型特徵，就是把傳統信
仰的神靈和各種宗教的神靈進行反覆篩選、淘汰、組合，構成一
個看似雜亂，卻有其邏輯的神靈信仰體系。民間信仰不僅影響著
占中國社會大多數的普通民眾的思維方式和社會實踐，還與上層
建築和象徵體系發生微妙的互補和衝突關係。因而，對民間信仰
的研究，不啻提供了了解中國傳統文化全貌的一扇有用的窗口。

　　江西由於特殊的歷史背景，民間信仰具有深厚的傳統。江西
在地理環境上兼具平原和山地特色，水網密布，江湖眾多，各地
在生活生產方面呈現出不同的發展形態，具有不同的生活生產需
求。江西在區位上又界於吳、楚、閩、粵之交，深受「重巫好
祀」的楚文化與越文化的影響。再加上歷史上獨特的開發經歷，
江西歷史上呈現出百神林立、巫風特盛的民間文化景觀。江西民
間信仰體系十分複雜，既包括各類鬼神信仰，也包括多樣的占卜
巫術等活動；既保留有先民開發江西的歷史痕跡，也體現了精英
文化對地方文化的融合與規範；既表現為地域社會長期發展中形

成的「小傳統」，也受制於儒釋道三教的「大傳統」。作為一種文化傳統，民間信仰在江西民間世代傳承，與民眾生活息息相關，很大程度上形塑了江西歷史發展的特色，構成江西歷史文化的底調，是江西歷史文化的有機組成部分。通過考察江西民間信仰的歷史淵源，分析江西民間信仰的結構與作用，可以探討精英文化與民間信仰的關係，展望民間信仰對當前與今後江西經濟社會發展的意義。

第一節 ▶ 江西民間信仰探源

中華文明形成的過程，是各地區、各部族經過長期的衝突和融合，逐漸形成「多元一體」的文明形態的過程。中華文明的核心區原來在中原一帶，隨著中華文明的成長，中原地區與周邊逐漸融合在一起，核心區的邊界也往外拓展。江西地處長江中游南岸，歷史上是楚人、越人、吳人生存繁衍之地。隨著中華文明的拓展，江西逐漸從「化外」走向「化內」，成為中華文明的一部分。在這一過程中，中原文化與本土文化相互衝突，相互融合，經過長期的融合過程，最後形成具有鮮明特色的贛文化。

贛文化形成的過程，背後是一部江西地區的漫長開發史。我們的先民在開發江西的過程中，需要解決諸如生態氣候的適應與改造、移民與原住民的族群關係、軍事上的征服與抗爭、政治秩序的建立與穩固等各種問題。在這一過程中，先民發揮聰明才智，克服重重困難，造就了獨特的贛文化。民間信仰作為贛文化的有機組成部分，根植於華南地區的歷史文化傳統之中，受到江

西開發史的深刻影響和制約。

一、「信巫事鬼」之俗

　　江西地處長江中游和華南地區，介於嶺南、東南和華中之間，號稱「吳頭楚尾」、「粵戶閩庭」。地理區位的這種獨特性，深刻地影響到江西民間信仰的基本面貌。這些地區歷史上普遍有「信巫事鬼」之俗。如楚人之「信鬼好祠」：

　　　　昔楚國南郢之邑，沅湘之間，其俗信鬼而好祠，其祠必作歌樂鼓舞，以樂諸神。[1]

吳人也有「尚鬼」的傳統：

　　　　吳人尚鬼，祀必以巫覡，迎送舞歌登獻。其辭褻嫚，禳災徼福，不知其分，滋黷甚矣。[2]

　　粵人之「俗鬼」甚至引起漢武帝的高度興趣，他在吞併「兩越」之後，令「越巫立粵祝祠」，祠祀天神、上帝、百鬼：

1　　（漢）王逸：《楚辭章句・九歌章句第二》，《景印文淵閣四庫全書》第一〇六二冊，台灣商務印書館二〇〇八年版。

2　　（清）陳衍：《元詩紀事》卷二二，上海古籍出版社一九八七年版。

是時既滅兩越，越人勇之乃言：「粵人俗鬼，而其祠皆見鬼，數有效。昔東甌王敬鬼，壽百六十歲。後世怠慢，故衰耗。」乃令越巫立粵祝祠，安台無壇，亦祠天神、上帝、百鬼。[3]

江西地處楚越之間，由於根植於這一地方文化傳統之中，其尚鬼信巫之風頗盛。東漢欒巴為豫章太守時，就發現其地「多山川鬼怪，小人常破貲產以祈禱」，欒巴為此展開「翦除奸巫」的運動，「於是妖異自消」：

（欒巴）再遷豫章太守，郡土多山川鬼怪，小人常破貲產以祈禱。巴素有道術，能役鬼神，乃悉毀壞房祀，剪理奸巫，於是妖異自消。百姓始頗為懼，終皆安之。[4]

南朝梁時，江西一帶巫風更盛，巫術職業者之間甚至形成組織關係，其首領稱為「巫長」，疾疫諸事往往取決於巫。袁君正任豫章內史時，曾予之有力打擊：

（袁君正）為豫章內史，性不信巫邪。有師萬世榮稱道

3　（漢）司馬遷：《史記》卷二八《封禪書第六》，中華書局一九五九年版。

4　（南朝）范曄：《後漢書》卷八七《欒巴傳》，中華書局一九六二年版。

術，為一郡巫長。君正在郡小疾，主簿熊岳薦之。師云：
「須疾者衣為信命。」君正以所著襦與之，事竟取襦，云：
「神將送與北斗君。」君正使檢諸身，於衣裡獲之，以為亂
政，即刑於市而焚神。一郡無敢行巫。[5]

直至宋代，「西江俗尚鬼」還是一般士大夫的直接觀感：

西江俗尚鬼，多為巫覡以惑民。病者不服藥，而聽命於
神，雖欲飲食，若曰神未許，則寧忍飢以待，故病人多死。
凡己之所資，假神而言，無求不可。[6]

時任洪州（今南昌）知州的夏竦，針對民間沉溺於以巫代醫
的迷信之風，曾發動大規模的清剿巫醫運動，「毀其淫祠」，迫
令一千九百餘家巫醫改業還農。[7]

江西民間信巫事鬼之俗，是與其所處的華南地區的文化傳統
分不開的。當然，江西民間信仰的具體內涵，更直接受制於其歷
史上的開發過程。

5　（唐）李延壽：《南史》卷二六《袁湛傳附君正傳》，中華書局
　　一九七五年版。
6　（宋）陳均：《九朝編年備要》卷九，《景印文淵閣四庫全書》第
　　三二八冊，台灣商務印書館二〇〇八年版。
7　（宋）陳均：《九朝編年備要》卷九。

二、「瘴癘之地」與「鬼怪叢生」

先民由中原南遷進入江西，首先必須面對這一帶特殊的生態條件與氣候特點。江西在地形地貌上兼具山地、丘陵、平原、湖泊的特點，氣候溫暖潮濕，對南遷進入江西的先民而言，這種生態環境無疑不僅陌生，而且往往難以適應。尤其是南方普遍存在的「瘴」、「癘」之氣，更令先民聞之色變。先民對此的解釋有時是相對合理的。例如，贛南一帶舊時「疫癘為多」，故人認為這是當地氣候過於溫暖所致：

> 橫浦（南安府舊稱）炎方，雖窮冬無雪，故疫癘為多。[8]

在疫癘之害面前，先人是無能為力的，只能求助於神靈。南安府治（今大庾）的橫浦龍君廟，就因驅除疫癘「所祈必應」而聞名。據記載，宋代張九成謫守南安時，曾「致祝於龍君」而降大雪：

> 按《言行錄》，橫浦炎方，雖窮冬無雪，故疫癘為多。有龍君廟，所祈必應。張九成曰：吾無職隸，而歲耗廩祿，蓋思所以惠之，因禱焉。朝曉果然，而陰雲倏起，□時雪已寸積，邦人咸駭異之。時九成為禮部侍郎，秦檜惡其言事，

---

8 《新編搜神廣記》後集，《橫浦龍君》，《繪圖三教源流搜神大全（外二種）》，上海古籍出版社一九九〇年版。

讁守郡州。又諷言者論其謗訕朝廷，再讁南安軍，故其致祝於龍君者如此云。本朝重建其廟，祀事益崇。[9]

先民對疫癘之為害，能以「炎方無雪」為據做出解釋，誠屬難能可貴。但南方特殊的生態與氣候對生產生活造成的困難，先人大多無法理解，他們往往將這類問題歸咎於各類「鬼」的行為。江西民間許多關於「鬼」的認識，頗可視作先民開發江西所留下的歷史烙印。

例如，各種「山鬼」的存在，就反映了先人開發江西山區時的困境。江西多山，蒼蒼莽莽，綿延不絕。先人生活於其間，各種不可逆料的問題層出疊見，有時甚至會遭遇生命危險。先人往往認為這是某些「鬼」在作祟。南方普遍流傳關於「楓人」或「楓子鬼」的說法，就反映了這一情況。晉代文獻《南方草木狀》中有「楓人」的記載：

> 五嶺之間多楓木，歲久則生瘤癭。一夕遇暴雷驟雨，其樹贅暗長三五尺，謂之楓人。越巫取之作術，有通神之驗。取之不以法，則能化去。[10]

9　《新編搜神廣記》後集，《橫浦龍君》，《繪圖三教源流搜神大全（外二種）》，上海古籍出版社一九九〇年版。

10　（晉）嵇含：《南方草木狀》卷中，《景印文淵閣四庫全書》第五八九冊，台灣商務印書館二〇〇八年版。

東晉文獻《潯陽記》則記載了江西麻姑山的「楓子鬼」的情況，其「人形眼鼻口面，無臂腳」。[11]從楓子鬼的傳說中，尚能想見先人開發南方神秘山區時的陌生感和恐懼感。

「獨足鬼」的傳說，也頗可見先人對江西神秘的生態環境的敬畏。據《江西考古錄》引述元代歐陽玄的《睽車志》的記載，「大江以南」山地環境之下，流行「禨鬼」之風，所祀之鬼「多依岩石樹木為叢祠，村村有鬼」，其鬼或稱「木究」，或稱「木下三郎」，或稱「獨腳五通」。[12]明代李時珍認為，「獨腳鬼」還時常為害，江西一帶尤甚，百姓祀之唯謹：

> 李時珍曰：今獨腳鬼處處有之。能隱形入人家淫亂，致人成疾，放火竊物，大為家害。法術不能驅，醫藥不能治。呼為五通、七郎諸神而祀之，世俗之好淫祀也如此哉。江西南為尤甚，蓋地氣使然。自古至今莫能易也。[13]

宋人黃庭堅《山谷集》也有「山鬼獨一腳」的記載，認為這是一種「山魈」，產於江州（今九江）。[14]宋代陸游曾作《送子龍

11　（元）陶宗儀：《說郛》卷六一下，《景印文淵閣四庫全書》第八七九冊，台灣商務印書館二〇〇八年版。

12　（清）王謨：《江西考古錄》卷十《神異‧獨足鬼》，乾隆三十二年刻本。

13　（清）王謨：《江西考古錄》卷十《神異‧獨足鬼》，乾隆三十二年刻本。

14　（宋）黃庭堅：《山谷集》卷四，《景印文淵閣四庫全書》第

赴吉州掾》，一詩，贈其子赴任吉州（今吉安），對其子途次行舟之危險、任所生態之惡劣頗為擔憂，其中一條就是提醒其子防備吉州「林嘯獨腳鬼」：

> 汝行犯胥濤，次第過彭蠡。
> 波橫吞舟魚，林嘯獨腳鬼。[15]

在江西民間「鬼」的傳說中，「刀勞鬼」也是極可怕的一種，其生存環境也是「諸山縣間」，形狀恐怖：

> 《搜神記》曰：臨川諸山縣間有族魅，能射人。其所著如蹄，頭腫大毒。有雌雄，雄急雌緩，名曰刀勞鬼。[16]

「刀勞鬼」又稱「射工」，一存於山中水畔，「聞水中人或浴」，則「含沙射影」，人即病。如葛洪《肘後方》的記載：

> 葛洪《肘後方》云：江南射工毒蟲在山，聞水中人行或浴，則此蟲含沙射人形影，則病。又云：溪毒中人，似射工而無物，陽毒最急，陰毒小緩，皆殺人。此言雄急雌緩，正

———三冊，台灣商務印書館二〇〇八年版。

15　（宋）陸游：《劍南詩稿》卷五十，《景印文淵閣四庫全書》第——一六二冊，台灣商務印書館二〇〇八年版。

16　（清）王謨：《江西考古錄》卷十《神異‧刀勞鬼》。

與之合。[17]

《抱朴子》認為，「射工」又稱「射影」，其實是一種水蟲，「狀如鳴蜩」，「有翼能飛」，能「因水而射人」：

> 《抱朴子》云：短狐，一名蜮，一名射工，一名射影，其實水蟲也。狀如鳴蜩，有翼能飛，無目而利耳。口中有橫物，似角弩，如聞人聲，緣口中物如角弩，以氣為矢，則因水而射人。[18]

此外，「黃父鬼」也是江西常見的害人之鬼，葛洪《神仙傳》就提到，「豫章郡中常患黃父鬼，為百姓害。」[19]但據《神異經》的記載，「黃父鬼」又名「吞邪鬼」，即又能祛除邪鬼之害：

> 《神異經》云：東南方有人焉，周行天下。身長七尺，腹圍如其長，頭戴雞父魌頭，朱衣縞帶，以赤蛇繞項，尾合於頭。不飲不食，朝吞惡鬼三千，暮吞三百。此人以鬼為飯，以露為漿。名曰尺郭，一名食邪道師，云吞邪鬼，一名赤黃父，今世有黃父鬼是也。[20]

17　（清）王謨：《江西考古錄》卷十《神異‧刀勞鬼》。
18　（清）王謨：《江西考古錄》卷十《神異‧刀勞鬼》。
19　（清）王謨：《江西考古錄》卷十《神異‧黃父鬼》。
20　（清）王謨：《江西考古錄》卷十《神異‧黃父鬼》。

「黃父鬼」在不同文獻中的兩種角色，體現了先人對南方存在的「鬼」世界的兩種認識：先人在改造南方自然生態時顯得相當無力與無奈，他們無法解釋各種自然災害，認為一切都是鬼在作祟所致；在這種邏輯之下，先人發展出「禊鬼」之俗，希望能通過「賄賂」鬼神的手段，降低鬼的危害程度，或者通過敬奉「吞邪鬼」以達到「大鬼吃小鬼」的目的。

　　為了防範「惡鬼」作祟，「吞邪鬼」等「好鬼」被大量崇祀。如晉代文獻《南康記》的記載，南康一帶有崇祀「魋君」之習，因「甚有靈應」，「百姓立祠」以祀：

　　　　王歆之《南康記》曰：南康上𪩘左入有一坑，坑裡有石人出水，內名曰魋君，甚有靈應，百姓立祠於坑際。按魋君名義無考，疑以其字從鬼，創為此說。[21]

　　識者認為，這種「禊鬼」之俗「俚俗無稽，不足考證」[22]，但它在江西民間普遍流行卻是不爭的事實。我們在江西地方文獻中，可以看到大量的記載。如中古文獻《續豫章志》記載豫章一帶，「禊鬼之俗，習而未變。凡有疾病，多聽於巫」。[23]黃庭堅稱進賢縣「禊鬼而尊巫」[24]，等等。

21　（清）王謨：《江西考古录》卷十《神異・魋君》。
22　（清）王謨：《江西考古录》卷十《神異・魋君》。
23　光緒《江西通志》卷四八《輿地略四・風俗》，光緒七年刻本。
24　同治《進賢縣志》卷二《輿地・風俗》，同治十年刻本。

三、「山都」、「木客」與早期的族群關係

　　先民開發江西的過程中，不僅要面對難以測度的生態環境，而且無法避免與原住民的各種接觸。我們知道，中華文明的形成，是一個不斷將中原與周邊地區整合在一起的過程，其間充滿了衝突，並經過融合，最終形成「多元一體」的過程。在華夏民族南下之前，贛鄱大地上已有原住民存在。在中原文明擴展的過程中，先民從中原進入江西，不可避免地與這些原住民發生了各種形式的聯繫。由於在社會總體發展上處於劣勢地域，原住民被迫讓出原先的居住區，從平原而移往山區，由丘陵而退入深山。「山都」、「木客」等傳說，正是江西歷史上開發過程與族群關係的寫照。

　　江西地區存在「山都」的說法，見於中古以前的眾多文獻。但關於「山都」的具體內涵，各處記載出入很大。有些是指狒狒、猿猴等獸類，有些則指當地的原住民。

　　《山海經》等文獻的記載，實際是指先人開發南方時，遭遇的各種猿猴、狒狒之屬：

　　　　梟陽國在北朐之西，其為人人面長唇，黑身有毛，反踵，見人笑亦笑；左手操管。[25]

25　《山海經箋疏》卷十《海內南經》，（晉）郭璞傳，（清）郝懿行箋疏，阮氏琅環館嘉慶十四年刻本。

又記載「南方」有「贛巨人」，與「梟陽國」人類似：

南方有贛巨人，人面長唇，黑身有毛，反踵，見人笑亦笑，唇蔽其目，因可逃也。[26]

郭璞指出，「梟陽國」人即「贛巨人」，分布於南康等地，雌者能傷人，俗稱為「山都」：

今交州南康郡深山中皆有此物也。長丈許，腳跟反向，健走，被髮，好笑；雌者能作汁，灑中人即病：土俗呼為山都。[27]

「山都」對江西歷史的影響很深，據稱「贛水」之由來，就是「以有此人，因以名水」。袁珂認為，此物可能並非人類，而是狒狒、猿猴之屬。[28]這些山獸時常出來搗亂，先民曾想出點燃竹筒，使之放出爆炸之聲來對付它。如《荊楚歲時記》記載：

正月一日是三元之日也，《春秋》謂之端月。雞鳴而起，先於庭前爆竹，以辟山魈惡鬼。[29]

26　《山海經箋疏》卷一八《海內經》。
27　《山海經箋疏》卷十《海內南經》。
28　《山海經箋疏》卷十《海內南經》。
29　（南朝梁）宗懍：《荊楚歲時記‧正月一日》，張智主編《中國風土

《盧陵異物志》則記載了盧陵一帶也有山都分布，其「常在幽昧之中」行動，常被視為「似魑魅鬼物」：

> 盧陵大山之間有山都，似人裸身，見人便走，自有男女，可長四五尺，能叢相喚。常在幽昧之中，似魑魅鬼物。[30]

《述異記》中也提到南康一帶，存在一群「形如人」，「能隱形變化」的「山都」，俗奉之為神：

> （南康）有神曰山都，形如人，長二丈餘，黑色，赤目黃髮。深山樹中作窠，狀如鳥卵，高三尺餘，內甚光彩。體質輕虛，以鳥毛為褥，二枚相連，上雄下雌。能隱形變化，罕睹其狀。若木客、山𤢖之類也。[31]

與前述記載不同，有些文獻提到的「山都」卻並非狒狒、猿猴之屬，而可能是當地的原住民。例如《幽明錄》就記載了東昌（今吉安一帶）「山岩間有物如人」，能在澗石中取蝦蟹，並掌握了以火製作熟食的技術：

志叢刊》第二六冊，廣陵書社二〇〇三年版。

30　（清）王謨：《江西考古錄》卷十《神異‧山都》。

31　（清）王謨：《江西考古錄》卷十《神異‧山都》。

（吉安）東昌縣山巖間有物如人，長四五尺，裸身被髮，髮長五六寸，能作呼嘯聲，不見其形，每從澗中發石取蝦蟹，就火炙食。[32]

《南康記》也記載了贛縣一帶深山之中，至宋代仍有山都存在，並且還與當地百姓因住屋問題而曾經發生過衝突：

（贛縣）西北有古塘，名余公塘，上有大梓樹，可二十圍，老樹空中，有山都窠。宋元嘉元年，縣治民有道訓、道靈兄弟，二人伐倒此樹，取窠還家。山都見形，罵二人曰：「我居山野，何預汝事？山木可用，豈可勝數。樹有我窠，故伐倒之，今當焚汝宇，以報汝之無道。」至二更中，內外屋上一齊起火，合宅蕩盡。[33]

古文獻中往往將「山都」、「木客」兩詞並提，但二者的內涵並不一致。在古文獻中，「山都」有時指狒狒、猿猴之屬，有時指當地的原住民；而古文獻中關於「木客」的記載，基本都指當地的原住民。南朝著名學者、南康郡人鄧德明，曾記載當地的「木客」，不僅掌握了「斫榜」的技術，還善於將製好的「榜」以「著索樹上」的方法保存，並以「榜」與外人進行交易：

32　（清）王謨：《江西考古錄》卷十《神異・山都》。
33　（清）王謨：《江西考古錄》卷十《神異・山都》。

木客亦出南康。鄧德明記云：頭面語聲，亦不全異人，但手腳爪如鉤利。所居必高岩絕嶺，能斫榜，著索樹上聚之。有人欲就其買榜，先置物樹下，若合其意，便將榜與人，不取亦不橫犯也。[34]

南康的「木客」不僅能「斫榜」和交易，而且也發展出一套自己的禮儀制度和文化觀念。例如，「木客」有自己的一套獨特的喪葬制度：

死，皆加殯殮。曾有人往看其葬，以酒及魚生肉遺賓，自作飲食，終不令人見其形也。葬棺法，每在高岸樹杪，或藏石窠之中。南康三營伐船兵說往親睹葬，所舞唱之節，雖異於人，聽如風林泛響，聲類歌吹之和。[35]

由此可見，南康一帶「木客」並非山中獸類，而是一群擁有一套獨特生產技術，形成相應的文化觀念，並已經進入文明時代的人群。他們是當地的原住民，由於長期以來與華夏族（漢民族）的各種接觸，總是處於劣勢，不得不從平原而退居山地，從山地而移向深山，進而成為漢人眼中神秘的「木客」。

這些「木客」為了保持種族和文化的延續，強調出與外界不

34　（清）王謨：《江西考古錄》卷十《神異・木客》。
35　（清）王謨：《江西考古錄》卷十《神異・木客》。

接觸的生存策略。他們與外人交易「榜」時，不進行直接的接觸，「終不與人面對交易」。在招待前往觀看其葬禮的外人時，也「終不令人見其形」。東晉義熙年間，朝廷為征伐南方，曾「遣人伐榜，以裝舟艦」，「木客」雖然順從地「乃獻其榜」，但仍然堅持不與外界直接接觸的做法，「而不得見」。[36]

唐初梁載言的《十道四蕃志》，也提到興國一帶存在「木客」，其執「斫榜」之業、「近人藏匿」之習、與人交易之法、哭泣殯葬之俗，一仍舊貫：

（興國）上洛山有木客，形似人，語亦似人，遙見分明，近則藏匿。自言秦時造阿房宮採木者，食木實，得不死。能斫杉枋與人交市，易人刀斧，交關者前置物枋下，卻走避之，木客尋來取木下枋與人，隨物多少，甚信且不欺。有死者亦哭泣殯葬，嘗有山人行遇其葬日，出酒食啖人。[37]

宋代文獻《太平寰宇記》對「木客」的記載，較《十道四蕃志》稍簡，然仍存大概：

（興國）上洛山中多木客，乃魅類，言貌似人，能斫杉枋與人交易。嘗就民間飲酒為詩云：「酒盡君莫沽，壺傾我

36　（清）王謨：《江西考古錄》卷十《神異‧木客》。
37　（清）王謨：《江西考古錄》卷十《神異‧木客》。

當發。城市多囂塵，還山弄明月。」**38**

「木客」等的存在，並不限於贛南，在古文獻中，吉州（今吉安）、鄱陽等地皆有其遺跡。據清人王謨考證，漢代文獻《異物志》、東晉文獻《搜神後記》、唐代類書《初學記》，對「木客」都有記載，分別提及「木客」分布於吉州、鄱陽等地的情況：

《初學記》以山都木客為吉州事對。（《異物志》云：廬陵有木客鳥，云是木客所化。）蓋各述所見，而《搜神後記》乃云鄱陽山中亦有木客，時就民間取酒。《記》本陶淵明撰，諸家不見，采錄豈以所言為不得實耶？**39**

四、斬蛟傳說與龍王信仰

先民對江西的開發，主要是以農耕定居的方式進行的。從整體上看，江西境內河湖密布，雨量充沛，河谷湖岸分布著大片平原，適於農業生產，尤其是利於稻作的進行。但各種自然災害，尤其是水災、旱災的不時出現，對農業生產的進行是極其不利的。以鄱陽湖為例，該湖為季節性湖泊，高水湖相，低水河相，有「高水是湖，低水似河」和「洪水一片，枯水一線」的獨特景觀。洪水期和枯水期之間，湖體面積和湖體容積相差極大。在

38　（清）王謨：《江西考古錄》卷十《神異·木客》。
39　（清）王謨：《江西考古錄》卷十《神異·木客》。

「靠天吃飯」的傳統時代，這一生態條件對農業生產的影響極大。清人吳省欽曾寫詩言及九江一帶農人的田地分類習慣，就是這一現實的反映：

> 買田論擔種紅秈，
> 半怕龍田半塝田。[40]

「龍田」是指「近水田」，「塝田」是指「遠水田」，九江人之所以「半怕龍田半塝田」，就是因為這兩種田最容易遭遇水災、旱災的危害。先民在進行農業生產之時，也無法避免這些問題。但因不具備充分的科學知識，他們往往將這些問題歸咎於各種精靈鬼怪在作祟。

例如，對江西農業生產破壞最大的水災，先民認為這是「龍豬」在搞鬼。贛北水鄉一帶，關於「龍豬」的傳說流傳甚廣。如清人吳省欽的《甘棠湖棹歌》，就提及九江一帶對「龍豬」的敬畏之俗：

> 家住城隈復浦隈，龍豬新到夕筵開。
> 銅盆徑尺休教洗，怕惹乖龍攫爪來。[41]

40　（清）吳省欽：《甘棠湖棹歌》（有序），（清）吳省欽：《白華前稿》卷二七，乾隆四十八年刻本。

41　（清）吳省欽：《甘棠湖棹歌》（有序），（清）吳省欽：《白華前稿》卷二七，乾隆四十八年刻本。

　　一旦「龍豬」發怒，就會發生水患，對以「靠天吃飯」為主要特徵的傳統農業而言，將是災難性的後果。因此，鎮壓「乖龍」，平息水患，是先民從事農業生產時的普遍願望。在江西歷史傳說中，曾有多位人物以製蛟而聞名。其中漢武帝射蛟一事，甚至載於名著《漢書》。據稱：

　　　　（元封）五年冬，行南巡狩……自尋陽浮江，親射蛟江中，獲之。[42]

　　據考證，湖口縣治西南的射蛟浦（一名黃牛浦），可能就是當年漢武潯陽浮江射蛟之處。[43]

　　許真君斬蛟的傳說，在江西可謂家喻戶曉，充分反映了先民克服水患，改良農業生產環境的良好願望。許真君所斬之「蛟」，又稱「蜃」，據稱「其狀似蛇而大，有角如龍，是亦可名孽龍」。據《西山十二真君傳》的記載，與許真君鬥法的蜃精，曾化為美少年，以寶貨見重於潭州（當為湘州，今長沙）刺史賈玉，並成其貴婿：

　　　　先是，蜃精化為美少年，聰明爽儁，而又富於寶貨。知

42　（漢）班固：《漢書》卷六《武帝紀第六》。

43　（明）李賢等：《明一統志》卷五二《九江府》，《景印文淵閣四庫全書》第四七三冊，台灣商務印書館二〇〇八年版。

潭州刺史賈玉有女端麗，欲求貴婿。蜃精乃廣用財寶，賂遣賈公親迎，遂獲伉儷。每至春夏間，常求旅游江湖，歸則寶貨萬計。賈之親姻童僕，莫不賴之而成富。[44]

後來蜃精化身美少年，在豫章（今南昌）被許真君識破。許真君慮及「江西累苦洪水，若非翦戮，恐致逃遁」，遂與弟子施大玉試圖聯手抓捕，但狡猾的蜃精卻從井中逃走：

許真君於豫章，過一少年，容儀修整，自稱慎郎。許君與語，知是蛟蜃之精。念江西累苦洪水，若非翦戮，恐致逃遁。蜃精知真君識之，潛於龍沙洲北，化為黃牛。真君以道眼遙觀，謂弟子施大玉曰：彼之精怪，化為黃牛，我今化為黑牛，手巾掛膊可認，汝見牛奔鬥，當以劍截後。真君乃化身而去，俄頃，果見黑牛奔趁黃牛而來，大玉以劍揮牛，中其左股，因投入城西井中。許君所化黑牛趁後，亦入井內。其蜃精復從此井奔走，徑至潭州。[45]

許真君一路追至，在賈家面前挑破蜃精假象，最終殺死蜃精：

44　（清）王謨：《江西考古錄》卷十《神異・蜃精》。
45　（清）王謨：《江西考古錄》卷十《神異・蜃精》。

　　至是，蜃精一身空歸，且云被盜所傷。舉家嘆惋之際，典客者報云，有道流姓許字敬之求見。使君賈公遽見之。真君謂賈公曰：聞君有貴婿，略請見之。賈公乃命見，慎郎怖畏，托疾潛藏。真君厲聲言曰：蛟蜃老魅焉，敢遁形於是？蜃精復變本形，宛轉堂下，尋為吏兵所殺。真君又令將其二子出，以水噀之，即化為小蜃。妻賈氏幾欲化身。父母懇，真君遂以神符救療，仍令穿其宅下丈餘，已傍互無際矣。真君謂賈玉曰：汝家骨肉幾為魚鱉也。今須速移，不得暫停。賈玉倉皇徙居。俄頃之間，官舍崩沒。**46**

　　據唐人張鷟《朝野僉載》的記載，許真君斬蛟之劍，曾為唐洪州（今南昌）刺史趙玉所得：

　　　　許旌陽於豫章西山江中拔劍斬蛟，劍沒於水，後漁人網得一巨石，擊之聲聞數十里。唐朝趙玉為洪州刺史，破之，得劍一雙，視其銘有許旌陽字，一有萬仞字。**47**

　　唐代大型志怪傳奇集《廣異記》也記載了開元末年，知靜江事武勝之曾得到過許真君「斬蛟第三劍」：

46　（清）王謨：《江西考古錄》卷十《神異·蜃精》。
47　（清）王謨：《江西考古錄》卷八《故事·斬蛟劍》。

開元末，太原武勝之為宣州司士，知靜江事。忽於灘中見雷公踐微雲逐小黃蛇，盤繞灘上。靜江人戲投以石，中蛇，鏗然作金聲，雷公乃飛去。使人往視，得一銅劍，上有篆「許旌陽斬蛟第三劍」云。

在江西民間，許真君斬蛟的「遺跡」更是多不勝數。如南昌府城南，許真君特立鐵柱，以將所斬「蛟蜃」鎮住：

許旌陽既斬蛟蜃，謂贛江百怪叢居，慮為後害，乃鑄鐵柱二千，在子城南廡以鐵索，以鎮蜃穴。[48]

新建西山的慶福觀，舊傳許真君飛升後，其斬蛟神劍就藏於山後石室中。[49]南昌「臨大江」的吳城山，據說也是「吳、許二真君斬蛟處」[50]。等等。

除了水災外，旱災也是農業生產的重大威脅。先民在吳省欽的《甘棠湖棹歌》中有一首，就反映了德安一帶旱災來臨，人們禱雨龍潭的景象：

禱雨龍潭旱色淒，虎頭下繨起雲霓。

48　嘉靖《江西通志》卷四《南昌府·古跡》，嘉靖三十五年增刻本。
49　嘉靖《江西通志》卷七《南昌府·外志·寺觀》。
50　嘉靖《江西通志》卷四《南昌府·山川》。

人情莫似東佳水，雨向東邊晴向西。[51]

德安縣人們禱雨後，視該縣的東佳泉之流向為准，「晴則西流，雨則東流」。[52]頗能見人在旱魃面前的無力與無奈。

宜春仰山神是江西最著名的龍王。唐代大文豪韓愈擔任袁州刺史時，當地正值大旱，韓愈之前曾向城隍祈雨，不應，於是力向仰山神求助。其祈雨文是這樣寫的：

維年月日，袁州刺史韓愈謹以少牢之奠祭於仰山之神曰：神之所依者唯人，人之所事者唯神。今既大旱，嘉穀將盡，人將無以為命，神亦將無所降依，不敢不以告。若守土有罪，宜被疾殃於其身；百姓可哀，宜蒙恩憫，以時賜雨。使獲承祭不怠，神亦永有飲食。謹告。[53]

後來甘霖果至，韓愈於是又寫了謝雨文：

維年月日，袁州刺史韓愈謹以少牢之奠，祭於仰山之神

51　（清）吳省欽：《甘棠湖棹歌》（有序），（清）吳省欽：《白華前稿》卷二七。

52　（清）吳省欽：《甘棠湖棹歌》（有序），（清）吳省欽：《白華前稿》卷二七。

53　（唐）韓愈：《祈雨告仰山文》，正德《袁州府志》卷十一《藝文二‧祭文》，《天一閣藏明代方志選刊》，上海古籍書店一九六三年影印本。

曰：田谷將死，而神膏澤之；百姓無所告，而神恤之；刺史有罪，而神釋之。敢不有薦也？尚饗！[54]

南城縣東九十里的魚蜦山有龍潭，據傳「龍君」居焉，歲旱之時，人們習慣於「以鐵投潭」祈雨，十分靈應：

（南城）魚蜦山龍潭，其深莫測，人呼為海眼，有龍君焉，側有龍王廟。歲旱，以鐵投潭，雨隨如注。[55]

據說明成化間有一次禱雨活動時，主壇的巫師「命兒投鐵於潭，雷雨暴至」，但隨之卻發生了「一黑犬迫兒甚，隨死焉」的詭異事件。[56]

瑞州（治所在高安）的「幸龍王」也很有名。據稱該「幸龍王」實為高安人，姓幸，名潭，死後曾在異鄉出現，請鄉人寄書回家。後來鄉人立祠祀之，「禱雨輒應」：

（高安）瑞郡城北十里，有幸龍王廟，廟下有潭曰幸龍王潭。志載高安人，姓幸，名潭，字子淵，卒為神。在汴，寄鄉人書於筠[57]，曰：北潭旁古木，吾家也。如其言致之，

54　（唐）韓愈：《謝雨告仰山文》，正德《袁州府志》卷十一《藝文二·祭文》。

55　光緒《江西通志》卷五九《山川略二·川七建昌府》。

56　光緒《江西通志》卷五九《山川略二·川七建昌府》。

57　瑞州簡稱「筠」。

果然。郡人即祠其間，禱雨輒應。歷代崇祀，封福應公。[58]

鄉人後來還為他配上了龍王夫人，於是幸龍王更加靈應，往往是「郡邑望澤，神來即雨」：

> 繼有含陽橋陳氏女金姑過廟，墜釵，歸，無病而卒。其母夢女曰：吾龍王配也，能驅旱魃，急則來告。於是塑像於右，為龍王夫人。自是，郡邑望澤，神來即雨，不獨含陽之人私迎金姑也。[59]

綜上所述，無論是漢武帝射蛟、許真君斬蛟的傳說，還是各地流行的祈雨儀式，實質都是先民為發展農業而發展出的對水災、旱災的控制「技術」，見證了先民開發江西和發展農業的歷程，代表著先民為改良農業生產環境而作出的不懈努力。斬蛟傳說與龍王信仰的形成，反映了江西農業社會由初始開發，到逐漸改進，最後走向成熟的歷史。

五、鄱陽湖的水神世界

江西龍王信仰的出現，與江西農業經濟的發展密不可分，但

58　（清）楊仲興：《高安幸龍王廟碑記》，同治《瑞州府志》卷十九，同治十二年刻本。

59　（清）楊仲興：《高安幸龍王廟碑記》，同治《瑞州府志》卷十九，同治十二年刻本。

不是所有龍王都專司農業。在鄱陽湖環湖區，眾多龍王還與其他水神一道，能「分風擘流」，主宰著來往行舟的安全，共同構成鄱陽湖上的水神世界。

鄱陽湖，歷史上又有彭蠡、彭澤、彭湖、宮亭、鄱湖等名稱，位於江西北部、長江下游九江河段南岸。現今南北長約一七〇公里，東西寬約七十公里，湖岸線總長約一二〇〇公里，匯集了贛、撫、信、饒、修五大河系及博陽河等支流河水，湖水調蓄後經湖口注入長江，為中國現今最大的淡水湖。

水域廣大、湖濱遼闊的鄱陽湖，在江西得到開發的早期，在向先民提供豐富的水產資源的同時，也構成先民生產生活的巨大挑戰。尤其是在造船和航行技術還十分落後的年代，鄱陽湖上難以測度的風浪一直是交通的主要障礙。先民認為，鄱陽湖上難以捉摸的風浪，是由神祇所控制的，因此，只有通過供奉與崇敬，才能得航行安全保障。

在眾多主宰航行安全的鄱陽湖水神中，盧山君是較早出現的一個。據東晉祖台之的《志怪》記載，盧山君府第門前有大甕，容積有五百石，「風雲出其間」，又能「引中流」而令「船不行」。據傳曾有人為盧山君所邀，見識過其府第，還差點成為盧山君的女婿：

　　曹著為建康小吏，忽為盧山府君所迎，見府門前有大甕，可受五百石，使風雲出其中。入見夫人，夫人為設酒饌，有罍鏤刻奇飾異形，非人所名。盤中亦無俗肴。配以女婉，著形意不安，屢求請退。婉潸然流涕，賦詩序別，並贈

織成褌衫。[60]

又據唐代文獻《異聞錄》，盧山君不僅有妻室、女兒，還有長男：

　　《異聞錄》載梁沈警遇張女郎事，有大女郎謂警曰：妾是女郎妹，適盧山夫人長男是也。[61]

盧山君不僅有完全的家庭，作為水神，他也有一套完整的官制，府中也有主簿等佐貳官。據北魏酈道元《水經注》的記載，吳郡太守張公直一家經過盧山參觀祠廟時，有婢戲指其女為神妃，後來盧山君果然致夢索妻，並發揮水神的手段，「引中流而船不發」，將張公直一家扣留下來。其妻以兄女代之交給盧山神，事為張公直所覺，張堅持以己女換回兄女。盧山君最後被張公直的美德所感動，派主簿送回二女：

　　昔吳郡太守張公直自守征還，道由盧山。子女觀祠，婢指女，戲妃像人。其妻夜夢致聘，怖而遽發，明引中流而船不行。合船驚懼，曰：愛一女而合門受禍也。公直不忍，遂令妻下女於江。其妻布席水上，以其亡兄女代之，而船得

60　（清）王謨：《江西考古錄》卷十《神異‧盧山君》。
61　（清）王謨：《江西考古錄》卷十《神異‧盧山君》。

進。公直方知兒女，怒妻曰：吾何面目於當世也？復下已女
於水中。將渡，遙見二女於岸側，傍有一吏立，曰：吾盧君
主簿，敬君之義，送還二女。[62]

以上幾種文獻從正面介紹了盧山君的相關情況，而東晉葛洪
的《神仙傳》，則從反面透露出盧山君的其他性格。盧山君盡管
「能使江湖之中分風舉帆」，卻愛要弄一些「於帳中共外人語，
飲酒空中投杯」的神技。在正統學者看來，這種賣弄本事的行
徑，顯然不是「聰明正直而壹者」所為，很可能該盧山君是「廟
鬼詐為天官」。因此，從很早開始，就有人試圖對其進行打擊。
東晉葛洪《神仙傳》就詳細記載了東漢豫章太守欒巴，千里追擊
冒充「詐為天官」的盧山「廟鬼」的故事：

　　（欒）巴至郡，往廟中，便失神所在。巴曰：「廟鬼詐
　　為天官，損百姓日久，罪當治之。以事付功曹，巴自行捕
　　逐。若不時討，恐其後游行天下，所在血食，枉病良民。」
　　責以重禱，乃下所在，推問山川社稷，求鬼蹤跡。此鬼於是
　　走至齊郡，化為書生，善談五經，太守即以女妻之。巴知其
　　所在，上表請解郡守往捕，其鬼不出。巴謂太守：「賢婿非
　　人也，是老鬼詐為廟神。今走至此，故來取之。」太守召之
　　不出。巴曰：「出之甚易。」請太守筆硯設案，巴乃作符。

62　（清）王謨：《江西考古錄》卷十《神異・盧山君》。

符成，長嘯，空中忽有人將符去，亦不見人形，一坐皆驚。符至，書生向婦涕泣曰：「去必死矣。」須臾，書生自齋符來至庭，見巴不敢前。巴叱曰：「老鬼何不復爾形。」應聲即便為一狸，叩頭乞活。巴敕殺之，皆見空中刀下，狸頭墮地。太守女已生一兒，復化為狸，亦殺之。[63]

欒巴斬冒詐「天官」的「廟鬼」的故事，結構上與許真君斬蛟的故事頗為相似。這也反映了先民關於各種神祇的兩種印象：他們既具有超級能量，可以為民興利；有時也會借助這些能量，為害人間。

盡管欒巴斬狸的傳說廣泛流傳，但這並不意味著鄱陽湖上的水神從此消失，實際上，鄱陽湖上的水神甚多，其中宮亭廟神甚為有名。宮亭廟在廬山腳下，該神是典型的鄱陽湖水神。據北朝酈道元的《水經注》記載，「山廟甚神，能分風擘流」，[64] 又據南朝盛宏之的《荊州記》記載，該神「能使湖中分風，而帆南北」，過往者「無不祈禱」：

> 宮亭湖廟神，甚有靈驗，塗旅經過，無不祈禱。能使湖中分風，而帆南北。[65]

63 （宋）李昉：《太平廣記》卷十一《欒巴》，上海古籍出版社一九九○年版。

64 （清）王謨：《江西考古錄》卷十《神異·宮亭廟》。

65 （清）王謨：《江西考古錄》卷十《神異·宮亭廟》。

後出的文獻《新編搜神廣記》，進一步對該神的神異功能詳細化：

> 神無姓名，顯應於南康府東之宮亭湖上。神來則陰霾蔽日，其聲澎湃，若潮汐奔騰。能分風，令一南一北，上下各不順帆。能擘浪如持靈，群而入海。守郡者重其神，且防其為舟行之梗也，立祠宮亭湖上，歲時享祀，有呼必應，遠近行者賴之。[66]

由於該神靈應屢著，不僅官方「立祠宮亭湖上，歲時享祀」，民間也多有享祀活動，「遠近行者賴之」。也正因為存在廣泛而牢固的崇拜基礎，該神也習於向過往船只索取貢獻。南朝劉義慶的《幽明錄》就記載了宮亭廟神在三國時期，曾向孫吳的南州貢使強索犀簪的故事：

> 南州人有遣吏獻犀簪於孫權者，舟過宮亭廟而乞靈焉。神忽下教曰：須爾犀簪。吏惶懼不敢應，俄而犀簪已列前矣。神復下教曰：俟爾至石頭城，還爾簪。吏不得遂行。自分失簪，且得罪死。比達石頭，忽有大鯉魚長三尺，躍入舟中，剖之得簪。[67]

---

66 《新編搜神廣記》後集，《宮亭湖神》。
67 （清）王謨：《江西考古錄》卷十《神異·宮亭廟》。

宮亭廟神對信徒的貢獻極為看重，往往因貢獻物價值不夠而降罪於人。西晉王浮的《神異記》就講到，陳敏向宮亭廟神許以銀杖，而還以鐵杖，最終遭到覆舟之禍：

> 陳敏為江夏太守，自建業赴職，聞宮亭廟驗，過乞在任安穩，當上銀杖一枚。年限既滿，作杖擬以還廟，鐵為桿，以銀塗之。尋征為散騎常侍，往宮亭，送杖於廟中訖，即進路。日晚，降神巫宣教曰：陳敏許我銀杖，今以塗杖見與，便投杖水中，當送以還之，欺蔑之罪不可容。部眾取杖看之，見鐵桿，乃置之湖中。杖浮江水上，其疾如飛，遙到敏舫前，敏舟遂覆。[68]

南朝祖沖之的《述異記》也講到，黃苗向宮亭廟神許以「豬酒」，願望實現後卻以「資裝既薄」而「遂不過廟」，該神使用神通，將黃苗抓回問罪：

> 宋元嘉中，南康平固人黃苗為州吏，受假違期，行經宮亭湖，入廟下，願希免罰坐，又欲還家。若所願並遂，當上豬酒。苗至州，皆得如志，乃還，資裝既薄，遂不過廟。行至郡界，與同侶並船泊宿。中夜，船忽從水自下，其疾如風，介夜四更，苗至宮亭始醒悟。見船上有三人，並烏衣，

　68　（清）王謨：《江西考古錄》卷十《神異・宮亭廟》。

持繩收縛苗，投廟階下。[69]

至此時，黃苗看到宮亭廟神的面貌：「神年可四十，披錦袍。」堂上有梁，「上懸一珠，大如彈丸，光輝照屋」。在這個衙門中，黃苗背約違貢一案被審判，宣布將黃苗貶謫深山當三年禽獸，待同類案犯滿三十人之後再放回。其後三年，黃苗就經受了這一刑罰：

> 一人戶外白：「平固黃苗上願豬酒，遁回家教錄，今到命。謫三年，取三十人。」遣吏送苗窮山林中，鎖腰繫樹，日以生肉食之。苗忽忽憂思，但覺寒熱身瘡，舉體生斑毛。經一旬毛蔽身，爪牙生，性欲搏噬。吏解鑠放之，隨其行止。三年，凡得二十九人。……涉五年，人數乃充。吏送至廟，神教放遣，乃以鹽飯飲之。體毛稍落，鬚髮悉出，爪牙墮。經十五日，還如人形。[70]

在正統學者看來，宮亭廟神與前述盧山君一樣，盡管「若此靈異，真屬不測」，但「貪饕恣睢」的德行絕非「聰明正直而壹者」所願為，因此，宮亭廟神實質是「淫昏之鬼而已」。[71]但宮

---

69 （清）王謨：《江西考古錄》卷十《神異·宮亭廟》。
70 （清）王謨：《江西考古錄》卷十《神異·宮亭廟》。
71 （清）王謨：《江西考古錄》卷十《神異·宮亭廟》。

亭湖神的這種性格，恰好可以成為民間信仰功利性特點的絕好腳注，人們通過貢獻祭品，得到神靈對航行安全的保障，而這又使宮亭廟神的信仰到進一步推廣，經濟交換的邏輯與民間信仰的發展二者之間，竟如此緊密地絞合在一起。

除廬山君、宮亭廟神外，馬當山神、青洪君等也是以人形出現的鄱陽湖水神。馬當山在彭澤縣東北三十里，「其山象馬，橫枕大江，烈風撼浪，行舟險阻，人為立廟其巔」[72]。馬當山神是專職「風水之安」和「輕舟之便」的水神，傳說王勃能寫出著名的《滕王閣序》，就得益於該神一日七百裡的輕舟之助：

> 此廟在唐時最為靈異。《摭言》云：王勃舟次馬當，遇老叟曰：子非王勃平？來日重九，南昌都督命客作《滕王閣序》，子有清才，盍往賦之？勃曰：此去七百餘里，今已九月八日矣，夫復何言？叟曰：吾助清風一席。勃謝登舟，翌日昧爽抵南昌，會府帥閣公宴僚屬於滕王閣，因出紙筆請客作滕王閣序，客莫敢當。至勃，漫然不辭，頃刻成文。帥大悦，謝勃五百縑。回棹，謝叟曰：當具菲禮，以答神府。叟笑云：但過長蘆焚陰錢十萬，足償薄債矣。勃如命。[73]

由於馬當山神屢著靈應，其崇拜一度極為興盛，「貴賤至

---

[72]　光緒《江西通志》卷五《山川略一・山十一・九江府》。
[73]　（清）王謨：《江西考古錄》卷十《神異・馬當山神》。

此，皆合謁廟，以祈風水之安」。唐代鄭還古的《博異記》，記載了開元年間王昌齡經臨此處，派人獻祭因發生差錯，而與馬當山神神交的故事，頗能看出時人關於馬當山神靈感的一般印象：

> 開元中，琅邪王昌齡自吳抵京國，至馬當山，屬風便。而舟人云：貴賤至此，皆合謁廟，以祈風水之安。昌齡不能駐，亦先有禱神之備。見舟人言，乃命使齎酒脯紙馬獻於大王，兼有一兩草履子上大王夫人，而以一首詩令使者至彼而禱之。詩曰：青驄一匹崑崙牽，奉上大王不取錢。直為猛風波裡驟，莫怪昌齡不下船。讀畢而過。當市草履子時，兼市金錯刀子一副，貯在履子內，至禱神時忘取之，誤並履子將往，使者亦不曉焉。昌齡至前程，偶覓錯刀子，方知誤並將神廟所矣。又行數里，忽有赤鯉魚，長可三尺，躍入昌齡舟中。昌齡笑曰：「自來之味。」呼侍者烹之。既剖腹得金錯刀子，宛是誤送廟中者。昌齡嘆息曰：鬼神之情亦昭然。[74]

此外，古文獻中記載的青洪君，也有湖水中擘分大道的本事。晉人干寶《搜神記》就記載了賈客歐明，因經常以舟中之物為祭禮，而得到青洪君的邀請，最後得贈其婢如願的故事：

> 廬陵歐明，從賈客，道經彭澤湖，每以舟中所有多少投

湖中，云以為禮，積數年。後復過，忽見湖中有大道，上多
風塵，有數吏乘車馬來候明，云是青洪君使要。須臾達，見
有府舍，門下吏卒。明甚怖。吏曰：無可怖。青洪君感君前
後有禮，故要君，必有重遺君者，君勿取，獨求如願耳。明
既見青洪君，乃求如願，使逐明去。如願者，青洪君婢
也。[75]

如願具有神異的能力，能助夫生財。此後歐明每當服賈將歸
時，「所願輒得」，終致「數年大富」。[76]

前述盧山君、宮亭廟神、馬當山神、青洪君等水神，都以人
形出現，但有一些鄱陽湖水神則以龍、黿等鱗介之屬的面目示
人。如「彭蠡小龍」，就因「顯異至多，人人能道之」。[77]該神其
貌不揚，唯當地人能辨之：

此龍常游舟楫間，與常蛇無辨。但蛇行必蜿蜒，而此乃
直行，江人常以此辨之。[78]

據傳，該神就是許真君所斬之「大蛇子」[79]。但它已經改惡

75　（晉）干寶：《搜神記》卷四，商務印書館一九五七年版。
76　（晉）干寶：《搜神記》卷四，商務印書館一九五七年版。
77　（宋）沈括：《夢溪筆談》卷二十《神奇》，中華書局二〇〇九年版。
78　（宋）沈括：《夢溪筆談》卷二十《神奇》，中華書局二〇〇九年版。
79　康熙《江西通志》卷一六二《雜記補》，《景印文淵閣四庫全書》第
　　五一三冊，台灣商務印書館二〇〇八年版。

從善，參與護國佑民的活動。據載，宋神宗熙寧年間大軍南征之際，該神護佑過大軍從真州（今江蘇儀徵）至洞庭的水程，「船乘便風，日棹數百里，未嘗有波濤之恐」，從此名聲大著。此事載於宋人沈括的《夢溪筆談》：

> 彭蠡小龍，顯異至多，人人能道之，一事最著。熙寧中，王師南征，有軍杖數十船，泛江而南。自離真州，即有一小蛇登船。船師識之，曰：「此彭蠡小龍也，當是來護軍杖耳。」主典者以潔器薦之，蛇伏其中。船乘便風，日棹數百裡，未嘗有波濤之恐。不日至洞庭，蛇乃附一商人船回南康。世傳其封域止於洞庭，未嘗逾洞庭而南也。[80]

由於彭蠡小龍此事的貢獻，朝廷封之為「順濟王」。禮官前往彭蠡致詔時，小龍還以原形接封：

> 有司以狀聞，詔封神為順濟王，遣禮官林希致詔。子中子中是林希的字。至祠下，焚香畢，空中忽有一蛇墜祝肩上。祝曰：「龍君至矣。」其重一臂不能勝。徐下至幾案間，首如龜，不類蛇首也。子中致詔意曰：「使人至此，齋三日然後致祭。王受天子命，不可以不齋戒。」蛇受命，徑入銀香奩中，蟠三日不動。祭之日，既酌灑，蛇乃自奩中引

首吸之。俄出循案行，色如濕胭脂，爛然有光。穿一剪綵花過，其尾尚赤，其前已變為黃矣，正如雌黃色。又過一花，復變為綠，如嫩草之色。少頃，行上屋梁。乘紙旛腳以行，輕若鴻毛。倏忽入帳中，遂不見。明日，子中還，蛇在船後送之，逾彭蠡而回。[81]

　　彭蠡小龍從許真君的劍餘存活了下來，不再為害人間，而承擔起護國佑民的責任。傳說中彭蠡小龍這種角色的轉變，象徵著周遭的生產生活環境對先民來說，不再是完全不可抗拒的，他們已經掌握了相應的手段，懂得了趨利避害之道，一定程度上已能對環境加以控制。

　　與彭蠡小龍類似，黿將軍也不以人的面目出現，其原型是鄱陽湖中「介蟲」的一種。嘉靖《九江府志》指出，黿是「鱉之大者，鱉以為雄，故黿鳴則鱉應。」[82]古代鄱陽湖一帶的大型鱗介類動物，除了黿以外，還有稱為鼉的。鼉大概是活躍於長江流域的揚子鱷。例如徐珂就指出，鼉又稱「鼉龍」、「豬婆龍」，形似鱷魚，是中國的特產：

　　　　鼉，與鱷魚為近屬，俗稱鼉龍，又曰豬婆龍。長二丈

81　（宋）沈括：《夢溪筆談》卷二十《神奇》。

82　嘉靖《九江府志》卷四《食貨志》，《天一閣藏明代方志選刊》，上海古籍書店一九六二年影印本。

餘，四足，背尾鱗甲，俱似鼉魚，惟後足僅具半蹼。生於江湖，中國之特產也。[83]

清人蒲松齡的小說集《聊齋志異》中，有一則「豬婆龍」的資料，講到江西所產之鼉（豬婆龍）危害居民和行舟的情況：

> 豬婆龍，產於江西。形似龍而短，能橫飛，常出沿江岸撲食鵝鴨。或獵得之，則貨其肉於陳、柯。此二姓皆友諒之裔，世食豬婆龍肉，他族不敢食也。一客自江右來，得一頭，繫舟中。一日，泊舟錢塘，縛稍懈，忽躍入江。俄頃，波濤大作，估舟傾沉。[84]

根據嘉靖《九江府志》的記載，可怕的鼉還具有「吐霧致雨」、「頹岸橫飛」的神力，常被用來「識雨」：

> （鼉）一名土龍，鱗甲，黑色。性嗜睡，目睛常閉。能吐霧致雨，善頹岸橫飛。聲如鼓，故取其皮以冒鼓。詩曰：「鼉鼓逢逢，欲雨則鳴。」故里俗以鼉識雨。[85]

83 徐珂：《清稗類鈔》第四二冊（動物），《鼉》，商務印書館一九一七年版。
84 （清）蒲松齡：《聊齋志異》卷二《豬婆龍》，齊魯書社一九八一年版。
85 嘉靖《九江府志》卷四《食貨志》。

　　鼉能「吐霧致雨」，黿也有「興風鼓浪」的神力。同治《德化縣志》這樣介紹黿：

　　　　（德化）河伯使。似鱉而大，能興風鼓浪，鳴則鱉應。[86]

　　可見，盡管黿、鼉分屬介屬和鱗屬，但都具備「波濤大作」或「興風鼓浪」的神力。黿、鼉的這種神力若能正確引導，將能造福人間；若不加以約束而任意放縱，則可能產生災難性的後果。清人吳省欽《黿將軍廟》一詩，就有一句極好的歸納：

　　　　佑之八面禁風力，
　　　　祟之一瞬填鬼燐。[87]

　　傳說鼉濫用神力，致使金陵上清河一帶河岸經常崩塌，後來晏公化身為老翁，「示以殺鼉之法」，鼉最終遭殺身之禍。[88]黿則立有善願，盡力保障水上安全，「世傳民未病涉，唯將軍呵護之力俱多。」[89]黿還很重情義，曾經向宋某透漏避離水災之法，以

86　同治《德化縣志》卷九《地理志‧物產‧介》，同治十一年刻本。

87　（清）吳省欽：《黿將軍廟》，（清）吳省欽：《白華前稿》卷三十。

88　（明）田藝蘅：《留青日札》卷二十七《晏公廟》，朱碧蓮點校，上海古籍出版社一九九二年版，第504頁。

89　（清）熊永亮：《鼎建左蠡元將軍廟祀》，同治《都昌縣志》卷十二《文錄下》，同治十一年刻本。

報答其救命恩人。此說原出《警心錄》：

> 江西軍吏宋某，嘗市木至星子江，見漁人得一大黿，以千錢贖之，放江中。後數年，泊舟龍沙，忽一僕至，云：元長史相召。宋茫然。既至一府，官出迎，與坐曰：君尚相識乎？宋思之，實未識。又曰：君記星子江中放黿乎？頃嘗有罪，帝命謫為水族，微君之惠，骨朽矣。今既得為九江長相，召者有以奉報。君兒某命當溺死，今有一人姓名正同，亦當溺死，取以代君兒，宜速登岸。宋謝而出。數日，果有風濤之害，宋氏兒竟免。[90]

關於黿更有名的傳說，是明太祖於鄱陽湖大戰陳友諒之時，黿救下「初失利」的朱元璋，並因此獲封「將軍」：

> 元末明太祖與偽漢戰於鄱湖，初失利，走湖濱，遇老人艤舟近岸，太祖得濟。賜以金環，返顧之，則黿也。是夕宿祠中，題詩於壁。將軍受命，則益效靈，波無巨測，至今靈應屢著。[91]

90 同治《新建縣志》卷九七《類事志・雜說下》，同治十年刻本。
91 （清）熊永亮：《鼎建左蠡元將軍廟祀》，同治《都昌縣志》卷十二《文錄下》。

　　清人吳省欽有《黿將軍廟》詩，重點描述了黿將軍救護朱元璋的全過程：

　　　　是時將軍擐甲冑，約束萬怪無猙獰。
　　　　艤船未聞項籍返，御袍已報紀信湮。
　　　　難星芒角互數丈，鏖戰忘卻寅與申。
　　　　是時將軍役鬼部，御舟進退如浮鱗。
　　　　人言交鋒呂梁日，呵護攸賴金龍馴。
　　　　番陽之厄孰所脫，康山十廟祠忠臣。
　　　　將軍毅然識天命，枝櫓只船徵化身。
　　　　孝陵松柏雖隔世，褒封長此邀王綸。
　　　　誰其友哉槐將軍，正直長拜睢陽巡。[92]

　　其後，黿將軍屢著靈應，信眾越來越普遍，祭祀規格也越來越高：

　　　　（南康府）元將軍廟，在治西北四十里左蠡山。明太祖攻陳友諒時所封，有御制詩存廟中。國朝康熙二十二年，知縣曾王孫以行舟過此，往往風濤叵測。用土人議，建廟三楹，以妥其神，患乃息……嘉慶十五年，知府狄尚絅詳請巡

92　（清）吳省欽：《黿將軍廟》，（清）吳省欽：《白華前稿》卷三十。

撫先福奏奉加封顯應將軍，祀典一如許真君之例。[93]

　　黿、鼉具有相似的神力，卻走向不同的結局，這一鮮明的對比說明，我們的先民在開發江西的歷史過程中，已經不再完全無力地為自然界的「神力」所擺布。他們在充分尊重自然界「神力」的基礎上，逐漸找到了駕馭自然界「神力」的辦法。

六、由「化外」而「化內」

　　先民對江西的開發，不但體現在改造自然環境和發展農業生產上，而且還包括軍事上的征服、政治秩序的建立和地方社會的發展等。在這一過程中，江西在全國政治文化中的角色，開始實現從「邊徼」到「主流」，由「化外」而「化內」的轉變。這個過程延續了很長的時間，在江西民間信仰中留下了深深的烙印。

　　興起於贛南一帶的石固神信仰，就與這段歷史密切相關。石固神據傳是秦代「贛人」，死後「能發祥為神」。使石固信仰走出全省的重要事件，是幫助灌嬰平定進犯贛南的南粵。明代宋濂在《重修聖濟廟碑》中對此有詳細記載：

　　　　（贛縣）聖濟廟者，初興於贛，漸流布於四方，所在郡
　　　　縣多有之。神蓋姓石氏，名固，贛人也，生於秦代。既沒，
　　　　能發祥為神。漢高六年，遣潁陰灌懿侯嬰略定江南，至贛。

第十一章‧民間信仰

贛時屬豫章郡，與南粵接壤。尉陀寇邊，嬰將兵擊之。神降於絕頂峰，告以克捷之期。已而有功，館神於崇福裡，人稱為石固王廟。[94]

　　在這個戰爭傳說中，石固作為地方神代表著地方勢力，他幫助中央軍隊打敗入侵家園的南粵之敵，意味著地方勢力與中央權力之間的結合。這種結合恰恰代表了江西地方社會，逐步從「邊徼」走向「主流」，由「化外」而「化內」的轉變。從這一點出發，我們就能理解為該神此後又時常派遣「陰兵」，幫助官兵作戰。據記載，僅南宋一朝，石固神就多次幫助官軍，抗擊過金兵、山寇、黥卒、夷獠等：

　　建炎三年，隆祐太後孟氏駐蹕於贛，金人深入，至造水，仿佛睹神擁陰兵甚眾，乃旋⋯⋯（紹興）二十七年禁兵合，山寇據城，逆命子女玉帛驅輦殆盡。高宗命都統制李耕殲之，陰霾挾逆風為患，士卒弗能前。耕私祈焉，頃之風順天朗，一鼓而城平。自是，王師南征無不祠，以牲牢乞陰兵為助者⋯⋯紹定三年，黥卒朱先率其徒陳達、周進、蔡發以叛。有旨除荊襄監軍陳塏提刑江西，仍護諸將致討。夜駐廬陵，夢神告曰：先將竄番禺，爾宜速圖。塏密命胡岩起、李強疾趨，至贛，合三寨兵戮之。淳祐七年，湖南夷獠曾甲嘯

94　同治《贛縣志》卷十一《壇廟》，同治十一年刻本。

眾倡亂，聲搖江右，部使者鄭逢辰檄王舜進攻，如有神立青霄上，凶徒沮駭，卒就殄滅。九年，安遠崔文廣為變，倚石壁作窟穴，潼川姚希得來持憲節，駐兵守之，久且弗拔。寇見雲中若旗幟飛翻，其膽遂落，渠魁乃擒。[95]

除了代表地方勢力，幫助中央穩固對江西的統治外，石固神在贛南人的日常生活中也扮演著地方保護神的角色。據記載，石固神屢顯靈跡，保護一方：

唐大中元年，里民周諒被酒為魅所惑，墜於崖下；符爽行賈長汀，舟幾覆。咸有所禳，諒即返其廬，爽見神來護之。於是卜貢江東之雷岡，相率造新廟，塑石為像奉焉……自時厥後，神屢顯嘉應。州之東北有二洲，曰藍淀、早乾渡，每當長夏，水易涸，隱起若岡阜，舟楫不通。宋嘉祐八年，趙抃報政而歸，適邁焉，丞徵靈於廟，水清漲者八尺，清漲俗謂無雨而水自盈也。元祐元年夏五月，不雨，遍崇山川弗應。郡守孔平仲迎神至郁孤台，燭未見跋，甘霖傾瀉。[96]

由於石固神遠近聞名，來江東廟抽籤杯珓的也特別多，而是

95　同治《贛縣志》卷十一《壇廟》。
96　同治《贛縣志》卷十一《壇廟》。

「無不切中」：

> 設以杯珓，往問吉凶，受命如響，人益驗其靈應。為著
> 韻語百首，第以為籤，神乘之以應。人卜愈益，無不切中。
> 廟在贛州府城外貢水東五里，因名曰江東靈籤，世傳以為美
> 名云。[97]

贛州還有唐濟廟所祀之神，與石固神類似的。據傳該神曾在
晉咸和年間，幫助討伐反叛中央的蘇峻：

> （贛州）唐濟廟，在郡北二十里儲潭山麓，相傳晉咸和
> 二年，州守朱瑋提兵討蘇峻，次儲潭，夜夢神人告曰：我為
> 儲君，奉帝命司此土。府君能為廟祀我，當有以報。瑋如其
> 請，乃行，果克敵而返，遂立廟。[98]

來自中央的軍事政治力量進入以後，地方社會也隨之逐漸有
所發展，這個漫長的過程深刻地影響了民間信仰的面貌。例如，
江西廣大地區流行的九仙信仰，就與江西早期的社會發展有關。
江西關於九仙信仰的中心地點是玉笥山，該山後來被列為道教

97　《新編搜神廣記》後集，《江東靈籤》。
98　同治《贛州府志》卷十二《輿地志・祠廟・贛縣》，同治十二年刻
本。

「第十七洞天」、「第八福地」。該山修煉成仙的九仙,據傳原有十人,是秦時避亂而隱於此的:

> (峽江)九仙壇,在玉笥山北之巔,世傳鄧邱明十人避亂玉笥山中修煉。歲久九仙得道,九龍控馭上升。唯何紫霄不與,後人立廟祀之。[99]

這十名避亂修煉的人中,有九名煉成飛升,唯有何紫霄一人留下,成了「地仙」:

> 孔邱明,秦時與駱法通等十人,避亂玉笥山中修煉。有素服老人持銅缽,貯小魚十尾,授之曰:此魚宜善視。遂於洞天後鑿池畜之,後人呼為畜龍池。九真得道,九龍控馭上升,惟何紫霄漫游不與。帝命青衣童子齎紫衣玉冊召之,紫霄受衣與冊,隱居山洞為地仙,何君洞由此名。或曰紫霄姓鄧,故山谷詩云:唯有鄧公留不去。[100]

據明人解縉的記載,這十人是為逃避秦朝的「徒役」而來的。而且,他們隱居於此,除了修煉外,還以大片占山為目的:

99　同治《峽江縣志》卷二《建置志‧壇廟‧九仙壇》,同治十年刻本。
100　光緒《江西通志》卷一七九《仙釋二‧秦》。

（新淦）玉笥山，自秦時有九人者，避徒役，來隱於此，後稍稍散去。數百里之間，名山勝跡皆其所占。[101]

這則材料還表明，何紫霄之所以不願「飛升」，而留下來成為「地仙」，可能是留戀「數百里之間」所占的「名山勝跡」的緣故。早期從中原移入江西的先民，很大一部分與「九仙飛升」一樣，並不長期固定一處；何紫霄不願飛升，甘當「地仙」，則代表了一部分中原移民開始向定居化方向轉變。

在江西地方文獻中，早期中原移民定居江西的資料並不少見。晉宋之際的高僧慧遠在《盧山記略》中，就有先秦時期匡俗先生隱居盧山的說法：

有匡俗先生者，出殷周之際，隱遁潛居其下，受道於仙人而共嶺，時謂所止為仙人之盧而命焉。[102]

與慧遠同時代的大詩人陶潛，在《桃花源記》中也描寫了一個避亂隱居的和樂世界：

村中聞有此人，咸來問訊。自云先世避秦時亂，率妻子邑人來此絕境，不復出焉，遂與外人間隔。問今是何世，乃

---

101 光緒《吉水縣志》卷八《地理志・古跡》，光緒元年刻本。
102 （南朝宋）釋慧遠：《盧山記略》，上海鴻文書局光緒十五年石印本。

不知有漢，無論魏晉。[103]

此外，新建西北的吉州山，據記載，「其上居民數千家，相
傳秦時移此。」[104]

無論是慧遠，還是陶淵明，其作品中關於中原移民隱居江西
的說法，看似荒誕，但卻與前述何紫霄甘當「地仙」的傳說一
樣，反映了中原移民在江西定居化的過程。

中原移民定居化的過程，也意味著地方社會逐漸取得發展和
走向成熟。在這一過程中，神靈信仰與家族力量常常絞合在一
起。地方文獻中經常提到某些家族世代成神的故事，就與此有
關。例如，明人王圻在《稗史類編》中，就記載了雩都畬嶺張氏
「代代出神鬼」的傳統：

> 江西有謠：「金鵝頭向天，代代出神仙。金鵝頭向水，
> 代代出神鬼。」今廣信府張真人家山頭向上，故子孫相繼膺
> 封錫。雩都畬嶺張氏，其山頂向下，故世出一人與冥道相
> 通，每歲夏為陰府，行役於四方。其將往也，蹶死於榻，至
> 數日而蘇，手握甲馬一紙云：行役至某地，某甲當活，某甲
> 當亡。已而果然。其初游魂至人家，下馬入門，人亦延拜祭

103 （晉）隱潛：《桃花源記》，《陶淵明集》，人民文學出版社一九五七
年版。
104 嘉靖《江西通志》卷四《南昌府·山川》。

享，親見舉箸，了不異人。但回時乘馬，一顧則不復見耳。至今亦間有之。[105]

南昌王家渡聶氏家族，也是「每代出一靈神」：

> 香火姓聶，族於南昌之王家渡，相傳聶上廿一老媼甚賢，時有精風鑑者往來止宿其家，媼禮之始終，不倦怠，其人嘗謂媼曰：當厚報汝家。後果指點一穴授之葬，且祝曰：願代代陰官。自是聶家每代出一靈神，顯化感應，鄉人爭祀之，有聶大官，冠服如生，聶二官、聶三官、聶四官、聶五官、聶六官俱戎裝擐甲，又有聶九舍人最幼小，為神時人呼曰聶家香火。[106]

江西著名水神，來自新淦大洋洲的蕭公家族，也是三代成神：

> 其先河南人，宋咸淳間，蘭芳公刺吉州，卒葬於吉，子伯軒公徙家淦之大洋洲，曾從謝公真人游，晚歲能前知，卒為水神。子祥叔公，增修其道，益著神跡。元封伯軒公五湖顯應真人，封祥叔公普濟顯德舍人。英佑侯者，祥叔仲子

---

105 同治《雩都縣志》卷十六《軼事》，同治十三年刻本。
106 《新編搜神廣記》後集，《聶家香火》。

也，諱天任，廣顙修髯，蚤通神術，視水為平地，嘗瞑目端
坐，良久乃蘇。問之，曰：吾游某處覆舟矣。指掌間，往往
得舟中物。歲時鄉人招飲，或異地同時，侯處處在坐，淦人
驚呼蕭老官，以為神。老官者，里諺之尊詞也。至今傳其
語。嗚呼，侯生處閭黨，乃神奇爾耶，抑侯故偶然而傳聞若
是耶？年八十有二，絕粒坐十餘日，唉一白石而化。遺令不
棺不葬，覆以巨桶，藏於廟。明永樂三年事也。後十四年，
朝廷遣使西洋，航海幾覆，聞蕭侯救得免，詔封英佑侯。[107]

　　上面所舉數例，時間已經相對晚近，但可以推測這種「代代
出神鬼」的傳統之前已有很長的歷史。「代代出神鬼」的傳統看
似「無稽之談」，但卻證明了地方社會的發展對民間信仰的形成
所起的重要作用。透過民間信仰「感性」的面紗，我們仍然看到
了江西社會歷史上逐步發展的「理性」軌跡。

第二節 ▶ 宗教與江西民間信仰

　　江西歷史上是中國佛道兩教傳播的核心地區，佛道兩教在江
西地方文化的發展進程中具有重要的地位，對民間信仰的發展影
響很大。

107　（清）施閏章：《大洋洲蕭公英佑侯廟碑文》，《修補蕭侯廟志》卷
　　　　七，宣統元年刻本。

　　佛教傳入中國後，經過長期的發展，在江西形成了兩個影響很大的宗派：淨土宗和禪宗。其中，淨土宗由晉代高僧慧遠創辦，以廬山東林寺為祖庭；禪宗最重要的南禪一脈，分為「一花五葉」[108]、「五家七宗」[109]，也多以江西為發展基地。道教與江西的關係更加密切。江西是道教的起源地之一，道教勝跡遍布全省，歷史上宗派林立，高道輩出。東漢末年，第四代天師張盛從四川來到龍虎山定居，創立天師道龍虎宗，登壇傳籙，世代承襲，龍虎山也因此成為重要的道教中心。其後，又有葛玄、許遜、陸修靜、王文卿等著名道長，在江西創立道教宗派。

　　佛道兩教在江西的傳播，對江西民間信仰影響極大。佛道兩教供奉的神祇，許多為民間所崇奉；佛道兩教的教義，也多為民間信仰取鑑；民間信仰中的許多儀式，也離不開僧道的參與和主持。當然，民間信仰對宗教的影響也不容小覷，尤其是對道教而言，民間信仰可謂是其最深厚的基礎，道教一向擅長從民間信仰中檢選「合格的」神仙，列入其神譜之中。

一、佛道神祇與民間信仰

　　江西的民間信仰，是在區域開發的過程中歷史地形成的，因

108　「一花」是指南禪宗，「五葉」是指為溈宗（以宜春為溈山為本山）、臨濟宗（宜豐黃檗山為本山）、曹洞宗（以宜黃曹山、宜豐洞山為本山）、雲門宗、法眼宗。

109　「五家」是指為溈宗、臨濟宗、曹洞宗、雲門宗、法眼宗，「七宗」是為溈宗、臨濟宗、曹洞宗、雲門宗、法眼宗、黃龍宗（以修水黃龍山為本山）和楊岐宗（以萍鄉楊岐山為本山）。

此，眾多俗神都能在開發史中找到自己確切的位置。此外，江西民間大量神祇，還來自佛道兩教。當然，江西民間信仰對佛道兩教的影響也是存在的，尤其是道教的許多神祇，在被吸收進入道教「神譜」之前，已在江西民間廣泛崇祀。由此可見，宗教與民間儀的關係是雙向的。

列名道教神譜，又最為江西民間崇祀的，大概就是許真君了。許真君在江西創教和傳教的過程，反映了道教對江西開發史的深入參與，也正是由於許真君與江西開發史的這種密切關係，許真君在江西受到廣泛的崇拜。據傳，許真君成神的時代，恰在動亂不安的魏晉南北朝，師從大洞真君吳猛。曾拜旌陽縣令，因晉亂棄官。許真君與吳猛游於江左之時，曾勸諭王敦不要作亂：

> 以晉亂棄官，與吳君同游江左。會王敦作亂，二君乃假符呪謁敦，欲止敦而存晉也。一日，同郭璞候敦，敦蓄怒而見曰：孤昨夢將一木上破其天，禪帝位果十全乎？請先生圓之。許曰：此夢非吉矣。曰：木上破天是未字，明公未可妄動。又令璞筮之，曰：事無成。問壽，曰：若起事，禍將不久。若住武昌，壽不可測。敦怒曰：卿壽幾何？曰：予壽盡今日。敦令武士執璞赴刑。二君同敦飲，席間乃隱形去。[110]

許真君等脫離王敦的迫害時，曾有馭龍駕舟過大紫霄峰的神

跡：

　　至廬江口，召舟過金陵，舟師辭以無人力駕舡。二君曰：但載我，我自行舡。仍戒舟師曰：汝宜堅閉戶隱，若聞舟行聲，慎勿潛窺。於是入舟。須刻間舟師聞舟搖撼木葉聲，遂潛窺，見二龍駕舟大紫霄峰頂。既知其窺，委舟而去。二君曰：汝不信吾教，今至此奈何？遂令舟師舟隱此峰頂，教服靈草，授以神仙術，舟之遺跡今尚存。[111]

　許真君最有名的神跡，當數「念江西累遭洪水為害」，而斬除蛟精一事：

　　真君後在豫章，遇一少年，容儀修整，自稱慎郎。真君與之話，知非人類。既去，謂門人曰：少年乃蛟蜃精。吾念江西累遭洪水為害，若不剪除，恐致逃遁。遂舉道眼一覷，見蜃精化一黃牛於洲北。真君謂弟子施太玉曰：彼黃牛，我今化黑牛，仍以白巾與門，汝訊之，當以劍截彼。俄頃，二牛奔逐，太玉以劍中黃牛之左股，因投入城西井中，黑牛亦入井，蜃精徑走。蜃精先在潭州化一聰明少年人，多珍寶，娶刺史賈玉女，常旅游江湖，必多獲寶貨而歸。至是空歸，且云被盜所傷。須臾典報云：有道流許敬之見。使君賈出接

111 《新編搜神廣記》後集，《許真君》。

坐，真君曰：聞君得佳婿，略請見之。慎即托疾不出。真君
厲聲曰：蛟精老魅焉，敢遁形？蛟乃化本形至堂下，命空中
神殺之。又令將二兒來，真君以水噀之，即成小蜃。妻賈氏
幾變，父母力懇乃止。令穿屋下丈餘地，皆有水際，又令急
移。俄頃官舍沉沒為潭，蹤跡皆宛然。[112]

　　許真君斬除蜃精，免除了江西的水患，這反映了江西歷史上
的農業開發取得的進步。也正是由於許真君對江西開發的貢獻，
民間對許真君的崇祀開始廣泛傳播。在江西的許多地方，都留有
許真君除蜃的遺跡，這也反映了許真君為核心的教派對江西歷史
開發的影響的深遠。

　　據說許真君於東晉太康年間於洪州西山「舉家白日上升」。
相傳許真君飛升時，曾有遺語：

　　　　天下大亂，江西無憂。天下大荒，江西薄收。[113]

　　由於許真君對江西的這種緊密的特殊的關係，許真君「飛
升」後，江西一帶對許真君的崇祀活動便開始展開了：

112　《新編搜神廣記》後集，《許真君》。
113　（清）張應昌：《附錄紀許真人江西破賊保城事》，（清）張應昌輯：
　　　　《詩鐸》卷二十四《鬼神》，中華書局一九六〇年版。

真君自飛升之後，里人與真君族人就其地立祠。以遺詩一百二十首寫竹簡之上，載之巨筒，令人探取，以決休咎，名曰聖籤。[114]

將許真君崇拜推上更高層次的，是宋徽宗的加封許遜為「神功妙濟真君」，改觀為宮，賜額曰玉隆萬壽。宋徽宗之所以有這些舉動，還有一個許真君夢中幫助宋徽宗治愈安息瘡的故事：

帝因看書於崇政殿，恍然似夢見東華門，北有一道士，戴九華冠，披絳章服，道從者甚眾，至丹墀，起簡揖帝。帝乃問曰：卿是何人？不詔而至。對曰：吾為許旌陽，權掌九天司職，上帝詔往按察西瞿耶國，經由故國。復問曰：朕患安息瘡，諸藥不能愈，真君有藥否？即取小瓠子，傾藥一粒，如綠豆大，呵呪抹於瘡上，覺如流酥灌體，入骨清涼。遂揖而去，行數步復回，顧曰：吾敝舍久已寥落，願聖皇舉眼一看為幸。[115]

事後，宋徽宗不僅在宮中崇奉許真君，還撥官錢修造萬壽宮，許真君崇拜甚至從江西走向全國，許真君也成為全國性的神祇。由於許真君與江西之間的這一密切關係，許真君在江西被視

114　《新編搜神廣記》後集，《許真君》。
115　《新編搜神廣記》後集，《許真君》。

為是地方保護神，在許多地方都有以許真君為崇祀對象的「福主」廟。如坐落在德化縣（今九江縣）桑落洲的青龍庵，就「祀福主許真君」[116]明人黃云師有詩《鐵柱宮》，就稱許真君為「章門福主」：

> 名在丹台重策勳，章門福主頌真君。
> 蛟螭誅盡方仙去，雞犬相將上白云。[117]

清人張應昌在《附錄紀許真人江西破賊保城事》一詩中，還記載民間廣泛流傳的「玉隆宮中許福主」，在太平軍進攻南昌、南城時，如何顯靈破「賊」的說法。咸豐三年（1853），太平軍圍攻南昌達三月之久，眼看「糧糧軍實持久難撐拄」，在地方官員祈禱後，許真君果然顯靈，南昌之圍得解：

> 神功妙濟旌陽真人許，歷三千年靈爽佑鄉土。
> 斬蛇滅蛟當日靖江瀾，救劫庇民於今馨豆俎。
> 咸豐癸丑粵賊至南昌，圍城三月歷夏至徂暑。
> 燎原虐焰一炬滿江紅，糧糧軍實持久難撐拄。
> 疆臣爪士竭盡心與力，籲神迎駕登陣助靈武。
> 英威赫赫護國保庶民，賊炮箭火吹落如賈雨。

---

116 同治《德化縣志》卷十三《建置・寺觀》。
117 （明）黃云師：《鐵柱宮》，同治《新建縣志》卷九十二《藝文志》。

賊徒驚竄億兆樂康寧，稽顙崩角頂禮虔婦豎。[118]

　　據說當時迎許真君於德勝門城樓，許真君顯靈，「賊火箭炮子落如雨而不傷一民」。此事在江西仍然廣泛傳頌，「邦人贊嘆依瞻如母父」。數年後，石達開部進入贛東一帶，南城被圍，兩旬之間，「糧盡軍孤火烈亦莫舉」。危難之際，許真君神靈附體於「守城老民」，「統帥神兵」而打敗了太平軍：

　　　　今春旴江圍郡又兩旬，糧盡軍孤火烈亦莫舉。
　　　　圍城已破彼虜忽倒戈，吉報傳來欣躍慶安堵。
　　　　繼讀我友旴江一紙書，乃知保城驅寇皆神祐。
　　　　城南賊炮毀垣七八丈，北風大起反炮猛於虎。
　　　　騰煙走石向外飛過壕，斷胸陷腥擊殺數百虜。
　　　　翼日守城老民（竹匠黃姓）僕而言，吾是玉隆宮中許福主。
　　　　統帥神兵三千拯爾郡，昔夕之風乃吾揮白羽。
　　　　今宵四郭速樹許字旗，吾當掃逐麼麼屬一鼓。
　　　　其時武弁來訪未到門（千總楊葆清），門內先已呼名示神語。
　　　　詰朝賊果出境遠遁逃，咸見朱袍白鬍氣驚沮。（所獲賊

118　（清）張應昌：《附錄紀許真人江西破賊保城事》，（清）張應昌輯：《詩鐸》卷二十四《鬼神》。

如是云）

三軍群丑眾耳眾目同，赫濯聲靈昭昭在聽睹。[119]

據說此事不僅清軍一方親眼所見，太平軍一方也是「咸見朱袍白髯氣驚沮」。作者不得不再次感嘆，「一再呵護保此危亂邦，擎天之柱乃是真鐵柱」。[120]

與許真君類似的，後來也被道教神譜所吸收的江西地方神，還有晏公、蕭公等，他們都是著名的水神。晏公是元代清江鎮（今樟樹）人，據說長相威嚴，「濃眉虯髯，面如黑漆」。晏公性格上又疾惡如仇，「人少有不善，必曰晏公得無知乎，其為人敬憚如此」，顯示他可能是地方豪強一類人物。晏公曾「以人材應選入官，為文錦局堂長」，但「因病歸」，登舟即逝，死後「屍解」而去。後來「有靈顯於江河湖海」，能保障水途平安，成為商賈的保護神：

> 因病歸，登舟即奄然而逝，從人斂具一如禮。未抵家，里人先見其揚鬣□於曠野之間，衣冠如故，咸重稱之。月余，以死至，且駭且愕，語見之日即其死之日也。啟棺視之，一無所有，蓋屍解云。父老知其為神，立廟祀之。有靈

---

119 （清）張應昌：《附錄紀許真人江西破賊保城事》，（清）張應昌輯：《詩鐸》卷二十四《鬼神》。

120 （清）張應昌：《附錄紀許真人江西破賊保城事》，（清）張應昌輯：《詩鐸》卷二十四《鬼神》。

顯於江河湖海，凡遇風波洶濤，商賈叩投，即見水途安妥，舟航穩載，繩纜堅牢，風恬浪靜，所謀順遂也。皇明洪武初，詔封顯應平浪侯。[121]

關於晏公的原型，還有所謂「江中棕繩」的說法。據稱晏公本來是「江中棕繩」修煉成怪，後來許真君「以法印擊之，中額，遂稱正神」[122]。這種說法看似荒誕不經，但卻以隱喻的方式，指出晏公等地方性神靈（棕繩怪），不斷地被道教以某些方式（以法印擊之）吸收，並被編入神譜（正神）的過程。

與晏公相比，蕭公的成神經歷則更有家族傳承的色彩。蕭公字伯軒，宋代新淦大洋洲人。在蕭公成神以前，蕭家世居開封，幾代為官：

臨江新淦大洋洲蕭氏，其先世居開封。宋紹定中，有曰永康，官至金紫光祿大夫，開府儀同三司。子蘭芳登咸淳進士，任為吉州刺史，卒於官。子伯軒遂擇新淦山水之勝，而家於大洋洲。[123]

121　《新編搜神廣記》後集，《晏公爺爺》。

122　同治《新淦縣志》卷二，《建置志‧壇廟‧蕭晏二公廟》，同治十二年活字本。

123　（明）曾鼎：《蕭公祠記》，同治《新淦縣志》卷二《建置志‧壇廟》。

蕭公移居大洋洲後，不事生產。「晚有神職」，能預知，尤其是死後「立廟於家」，「神職」成為蕭家幾代之間傳承的事業。伯軒之子叔祥、叔祥之子天任均「生而神異」或「生有靈異」，生前死後能「擁護舟楫於江湖風浪之間」：

> （蕭伯軒）不事家人生業，惟以濟人澤物為務，晚有神職，事皆前知。其沒竟為水府之神，立廟於家。元至大間，封五湖顯應真人。子叔祥復生而神異，往往能擁護舟楫於江湖風浪之間。至正五年，封永寧神化普濟顯德舍人。太祖高皇帝平定天下，營建京都，常遣官以牲醴諭祭。其次子天任亦生有靈異，人有所叩，無不前知。永樂乙酉冬，忽絕粒端坐，越旬，令廟祝楊文取一白石啖之，即坐而瞑目，後鄉人商游者往往於川蜀江淮間見之。凡水旱疾疫，有求皆應，今江湖行舟者，莫不仰戴之，即所謂英佑侯是也。**124**

蕭公三世靈應的故事，不斷引起朝廷的重視。除了元明之際朝廷賜予封號外，景泰年間英佑侯又降神於鄉人，「附鸞箕以言禍福」，且「有驗」，於是朝廷又不斷敕加封號：

> （景泰四年九月）己卯，加水神蕭公封號為水府靈通廣

---

124 （明）曾鼎：《蕭公祠記》，同治《新淦縣志》卷二《建置志·壇廟》。

濟顯應英佑侯。神自永樂中已封為英佑侯，至是，巡撫湖廣都御史李實言：近歲神降於其鄉人王灝，附鸞箕以言禍福，有驗，乞加崇獎。於是降敕加封號，而賜冠帶終其身。[125]

晏公、蕭公也因職能相似，地望相近，往往合祀一廟。又由於晏公、蕭公特別靈異，屢經元明時期的屢次加封，在江湖沿線受到熱烈的崇祀。不僅官於臨江府者，有「始至謁晏，去則祠蕭」的慣例，民間凡是出行，也有先往大洋洲一帶齋戒卜吉的傳統：

> （新淦）今世所號水神，其肇跡江西者，稱蕭、晏二公，皆臨江人……故事：官臨江者，始至謁晏，去則祠蕭，於祭義不知所取。而凡郡吏民有事於江淮河北四方之役者，必先齋戒趨大洋洲卜吉以往。[126]

此外，廣受民間崇祀的道教神祇還有不少。如王侍宸，宋時臨川人，遇異人得道，「能召風雷」，為宋徽宗寵信，曾有禱雨靈異：

125　《明英宗實錄》卷二三二，廢帝郕戾王附錄第五十一，台灣「中央研究院」歷史語言研究所一九六二年影印本。
126　（清）施閏章：《大洋洲蕭公廟碑記》，同治《新淦縣志》卷二《建置志‧壇廟》。

侍宸姓王，名文卿，宋時臨川人，侍宸其官也。生有骨相，有道者器之。長而游四方，履歷幾遍宇宙。嘗遇異人授以道法，能召風雷。宋徽宗號為金門羽客凝神殿侍宸，寵冠當時，賜齎一無所受。時揚州大旱，詔求雨。侍宸為伏劍噀水，曰：借黃河水三尺。後數日，揚州奏得雨水皆黃濁。屢見顯異。[127]

王侍宸祠在南城，元代始建。由於「靈應益著」，「執牲帛而乞靈者絡繹於道也」。[128]

除了道教諸神外，釋迦牟尼佛、觀音菩薩等佛教神祇，在民間信仰中也屬於最常見的供奉對象。

二、佛道神職人員、宗教節慶與民間信仰

佛道兩教對民間信仰的影響是多方面的，其神譜不僅是民間信仰神靈體系的重要來源，其教義的某些方面也往往為民間信仰所採鑑，其神職人員還經常主持和參與民間信仰的重要儀式，某些重要的宗教節慶在民間也普遍流行。

民間信仰活動有眾多儀式，這些儀式往往由專門的儀式專家主持。在許多場合，尤其是一些涉及佛道儀式的時候，往往離不開僧道的參與。江西許多地方流行的驅邪儀式，就是由僧道主持

127 《新編搜神廣記》後集，《王侍宸》。
128 《新編搜神廣記》後集，《王侍宸》。

的。例如，南康縣一帶，「小病」很少問醫，而是多延道士「送白虎」、「贖魂」：

> （南康）小病甚少問藥方，多延道士。剪紙，繪為白虎、螣蛇，貼於箕，瀝以雞血，用桃技打而出之，曰「送白虎」。仍仿《楚辭·招魂》之義，四方呼之，道士一呼，親黨百諾，曰「贖魂」。[129]

萍鄉一帶人病「輒疑為作祟」，往往延請道士驅邪、喊魂：

> （萍鄉）鄉里迷信鬼神，病輒疑為作祟，就卜者占：宜向何方，用錢若干。延道士於家，鳴鉦伐鼓以禳。有因以喊魂去向，夕由道士率主人親至其地，以米篩拋錢攝之，或捉生蟲如飛蛾之類，以病人衣藏之。或有拾木偶神，以布系其項，名打菩薩者。[130]

分宜一帶家中有人生病，也習慣於「疑神疑鬼」，先請道士設壇畫符驅鬼，或由巫覡念咒「喊魂」：

129　同治《南康縣志》卷一《地理志·風俗》，同治十一年刻本。
130　民國《昭萍志略》卷十二《風土志·禮俗》，民國二十四年（1935）活字本。

（分宜）其或家有病人，輒疑神疑鬼。先求卜筮朕兆。或延道士設壇於家，削板畫符。或用巫覡口念咒，手拗訣，俗曰楊泗將軍，又曰喊魂，由巫率主人，親至某方，以米篩拋錢攝之，觀命字，占吉凶。旋捉生蟲如蚱蜢、飛蛾之屬，以病人衣裹歸，隨以雄雞血祭，茅郎替之，蓋亦有效有不效者。[131]

眾多民俗化的宗教節慶，也少不了僧道的參與和主持。如宜春一帶以「四月八日為佛誕」節，屆期將由「浮屠浴佛」。[132]瑞州府（今高安等地）等地，每逢「玉皇」、「五通」生日，也由「市民邀僧道作齋醮」。[133]

佛道兩教對江西民間信仰的影響，還表現在宗教節慶的民俗化方面。在江西民間，眾多節慶來源於佛道兩教，圍繞這些帶有濃厚宗教意味的節慶活動，民間形成了富有特色的民俗活動。例如在分宜一帶每年大型的佛教節慶就有懺觀音會、懺盂蘭會、懺血盆會等，賽會之時，觀者如堵：

（分宜）鄉里迷信鬼神，莫甚於女流，有曰懺觀音會，

131 民國《分宜縣志》卷十四《風俗志·醮賽》，民國二十九年（1940）石印本。

132 民國《宜春縣志》卷十二《社會志·禮俗·歲時習俗》，民國二十九年（1940）石印本。

133 正德《瑞州府志》卷一《地理志·風俗》，《天一閣藏明代地方志選刊續編》，上海書店一九九〇年影印本。

有曰懺盂蘭會，有曰懺血盆會。各鄉墟市之好事者，常釀金建醮，演劇聚賭。紅男綠女，觀者如堵，別名萬人緣。三、五、七日至十日不等，耗費動千金。[134]

定南縣流行的兩個最大的「神會」觀音會和關帝會，分別來自佛教和道教：

（定南）多神會，凡家居奉祀及鄉鎮廟宇，皆有會，惟二月十九觀音會、五月十三關帝會為尤勝。[135]

在江西眾多的民俗化的宗教節慶中，「懺九皇勝會」是流傳較為普遍的一種。其名目可能取自道教的北斗、九皇之說，屆期往往持齋，通常自九月初一開始。如宜春的祀九皇之期，定在九月初一：

（宜春）九月一日祀九皇，婦女持齋，延僧道拜斗，以祈延年。[136]

分宜的「懺九皇勝會」，則往往與九月登高習俗並列舉行：

134 民國《分宜縣志》卷十四《風俗志‧醮賽》。
135 同治《定南廳志》卷六《風俗》，同治十一年刻本。
136 民國《宜春縣志》卷四《疆域志‧風俗》，民國九年（1920）年刻本。

（分宜）九月登高，士人於重九日結隊游歷名山勝境，唱酬觴詠，留題古跡以消遣。而奉九皇持齋者，有懺九皇勝會之名。[137]

盧陵的「九皇齋」自九月初一，一直持續到初九，屆期以「燒燭禮北斗」。[138]萬安祀北斗九皇也持續九日，屆時往往通宵不絕：

（萬安）九月初一至初九，此九日內，齋戒祀北斗九皇甚虔。九皇者，即《羅經》中九星也。夜間朝元禮斗，道人或至。連宵不眠，其香火之盛如此。[139]

興國一帶的祀九皇星君之期，也持續九日，其間雖然也吃素，但之前有「封齋」之期，之後又有「開齋」之習：

（興國）自九月朔至初九日，相傳以為九皇星君下降之期，家各焚香致敬，不知始自何時。而合邑素食九日，可免殺無數生靈，亦保全惻隱，節制口腹之一端。或謂其同於拜斗，則非也。然前期必啖肉食，曰封齋，重陽後又特以開

137　民國《分宜縣志》卷十四《風俗志・醮賽》。
138　民國《宜春縣志》卷四《疆域志・風俗》，民國九年（1920）年刻本。
139　同治《萬安縣志》卷一《方輿志・風俗》，同治十二年刻本。

齋，故恣意烹宰，殊為可哂。[140]

祀九皇期間，人們往往參加「閉閣聽經」，道士還會主持焚誦儀式，這個時候人們手頭的工作可暫放一邊。如新干一帶九月祀九皇：

閉閣聽經不作忙，不知風雨近重陽。
祥符道士工焚誦，一朵茈雲降玉皇。[141]

江西多數地方祀九皇的節慶，都集中於九月初，但也有地區一年之中多次祀九皇。如信豐縣的九皇閣，每年在二、六、九月都舉行大規模的祀九皇活動，「鄉人禱祀者甚眾」。[142]

在江西民俗化的佛教節慶中，盂蘭會可能是最流行的一個。盂蘭會以佛教的救苦普度為主要依據，一般在七月十五中元節前後舉行。盂蘭會之說源於佛教，故寺廟或和尚往往倡辦此會。如南昌一帶，屆期就會有「無賴僧倡為盂蘭大會」，演目連戲：

（南昌）中元，焚紙錢賑鬼，無賴僧倡為盂蘭大會，演「目蓮戲□」，利男女雜觀，大為地方害，經歷禁，風小

---

140 同治《興國縣志》卷十一《風俗》，同治十一年刻本。
141 同治《新淦縣志》卷一《地理志・風俗》。
142 道光《信豐縣志續編》卷二《疆域志下・山・文明山》，同治六年補刻本。

息。[143]

新建縣中元節除祀祖焚楮外，往往有「僧寺多設盂蘭會」之舉。[144]

作為一種民俗化的宗教節慶，盂蘭會更多地是一種社區性的施舍、清潔和普渡活動。例如瑞金一帶，中元節時，往往由「鄰裡」共同組織「盂蘭佛會」，「焚紙衣於野外」，以濟孤魂野鬼：

> （瑞金）十五日為中元節。先一夕陳瓜果美飯於門，以迎祖先。次日封紙錢冥衣等物，拜送於庭，鄰里共作盂蘭佛會，焚紙衣於野外，曰送孤衣。[145]

安義等地中元節，除有祭祖活動、施舍野鬼外，往往也有盂蘭會之舉：

> （安義）中元，設饌祭先於庭，焚楮帛錫錁，謂之燒包。或延僧道薦拔，作盂蘭會。[146]

宜春等地舉行盂蘭會，還有剪五色紙為河燈，以濟「河孤」

143 同治《南昌縣志》卷一《輿地志・風俗》，同治九年刻本。
144 同治《新建縣志》卷一五《風俗》。
145 道光《瑞金縣志》卷一《輿地志・風俗》，道光二年刻本。
146 同治《安義縣志》卷一《地理志・風俗》，同治十年刻本。

的項目：

> （宜春）中元，作盂蘭會，濟河孤。延僧道舟次誦經，
> 剪五色紙為河燈，沿水放之。[147]

九江一帶也有放放「蓮華救苦燈」之舉，清人吳省欽對此有
詩描寫：

> 彭澤豪華見未曾，逢場竿木夜牽繩。
> 阿婆更語耶兒子，看放蓮華救苦燈。[148]

南城一帶的七月，可謂「鬼氣沉沉」：不僅中元節被稱為「鬼
節」，家家還舉辦祭祖活動，此外還要連續七晝夜舉辦盂蘭會，
以超度無祀野鬼，婦女還到各廟燒「浣難香」，一直到七月三十
日，還須往地藏王殿燒香：

> （南城）中元，俗謂鬼節，人家多祀其先，焚紙錢，以
> 給亡者。或延僧誦經，殿廟懺七晝夜為盂蘭會，費至數百
> 金，云為無祀之鬼作超度。是日婦女各廟燒香，曰浣難香，

---

147 民國《宜春縣志》卷十二《社會志・禮俗・歲時習俗》。
148 （清）吳省欽：《甘棠湖棹歌》（有序），（清）吳省欽：《白筆前稿》
　　卷二七，乾隆刻本。

訛稱廣男香。至三十日，專往地藏王殿燒香，咸豐初，知府李藩以僧俗混雜，示禁，此風稍減。[149]

在江西，由於許真君崇拜具有廣泛的基礎，在八月十五許真君「拔宅上升」前後，民間朝拜萬壽宮的開始形成高潮。每年從農曆八月至十月，兩個多月的時間中，方圓百裡的高安、上高、新建、南昌、豐城、進賢等許多縣，都有以族、村、鄉為組織的成群結隊的人去朝拜和進香，人數極多。如新建縣，「自八月朔，四遠朝拜不絕，至十五日而最盛」，這也成了「江西第一」熱鬧的中秋節：

> （新建）相傳許旌陽以八月十五日拔宅上升，居民感德立祀。宋徽宗敕修，賜額玉隆萬壽宮。歷元明迄今，自八月朔，四遠朝拜不絕，至十五日而最盛。居民輻輳成市，中秋節為江西第一。[150]

又如安義縣，當地的許旌陽祠，每年八月初一，「四方朝拜，一如萬壽宮」，前夕為方便行香者，而在夾道「懸燈千百」，稱為「百子燈」：

---

149 同治《南城縣志》卷一之四《風俗》，同治十二年刻本。
150 同治《新建縣志》卷一五《風俗》。

（安義）彰靈岡，在縣治之北，距縣三里許，有許旌陽
祠。每逢八月之朔，四方朝拜，一如萬壽宮。前夕，自縣北
門外至祠所，夾道懸燈千百，以照行人，曰百子燈。[151]

佛道兩教作為制度化的宗教，其對民間信仰的影響是以特殊
的方式進行的。佛道的某些教義和節慶活動，盡管為民間信仰所
廣泛採用，但民間並不關心理論上的嚴格引證，其立足於「為我
所用」的原則，往往有「斷章取義」的特點。例如，江西地區流
行的拜北斗九皇的民俗，其背後是複雜的道教教義：

（泰和）按天文志，紫微即紫宮也。北極最尊，在紫宮
中曰太一，居其南曰太微，在太微北者北斗也，北第一星曰
天樞，二曰璇，三曰璣，四曰權，五曰衡，六曰開陽，七曰
搖光。杓攜龍角，衡殷南斗，魁枕參首，以轄九州，而以雍
屬魁，冀屬樞……道家又有謂尊帝二星者，通號九皇，晝夜
運建，與天同行。故曰斗為帝車，運乎中央，臨制四海，分
陰分陽。及夫建四時，均五行，移節度，定諸紀，一系於
斗。蓋凡星者，體生於地，精成於天，列居錯跱，各有攸
司。故斗之功用神化有不可掩者。[152]

---

151 同治《安義縣志》卷一《地理志・風俗》。
152 光緒《泰和縣志》卷三十《雜記・寺觀仙釋附・延真觀》，光緒四年
刻本。

但這套複雜的宗教理論，民眾絕大多數並不明了：

> 如此於乎九州之氓，茫乎如埃塵蟣蝨，然而謂其命菰於
> 斗之次，彼豈知之哉？況動作非道，以速戾於其身；妄其非
> 分，以僭干於常度。沉迷膠固，終身有不可釋者。[153]

盡管有「修真行道之士」試圖以通俗化的方式，提倡拜九皇
等習俗，以達到對民眾「遷善改過」的目的，但民眾仍然是「懵
然不知」，對原始教義完全沒有興趣：

> 由是而修真行道之士，憫之而為之祈祥請命，斡移災
> 咎，又以其所生之辰亦菰於斗，加精意而禱之，夫豈徒然
> 哉？蓋以為是足以啟其遷善改過之端也……而民尤或懵然不
> 知所以為遷善改過者，其速戾於躬，豈不尤重乎哉？[154]

民間信仰中，我們還常常看到各教神祇共處一室的情況，也
可以看出民眾完全不理會佛道兩教教義的原始性和完整性，民眾
往往根據需要，對來自佛道兩教的神祇按照自己的原則進行搭
配。在民間信仰中，我們很少看到宗教上的理論爭端，卻常常發

---

153 光緒《泰和縣志》卷三十《雜記‧寺觀仙釋附‧延真觀》，光緒四年
刻本。

154 光緒《泰和縣志》卷三十《雜記‧寺觀仙釋附‧延真觀》，光緒四年
刻本。

現宗教之間的彼此「和諧」。例如在宜春一帶流行的燒香調《十拜歌》，就典型地反映了民間信仰中的這種「混合性」：

> 一拜天恩並地恩，二拜日月與長生，
> 三拜福祿壽三星，四拜四言過往神，
> 五拜五湖並五岳，六拜六合早逢春，
> 七拜天上七姊星，八拜南海觀世音，
> 九拜九天玄女娘，十拜十殿閻羅王，
> 養子不知娘辛苦，養女報得父母恩，
> 一排神像三叩首，保佑母親壽年長。[155]

瑞金縣的真君閣的神祇設置也有這種特點。真君閣創建於明代，清代屢次修復，乾隆五年（1740）重修時，於真君閣後「豎造僧房」，貌似供奉道教許真君的真君閣，卻是由佛教職業者負責住持的。而且，該真君閣中供奉的神祇也非常有趣：正殿祀許真君神位，左殿祀財神，右殿祀五顯華光神，外左向上祀觀音神位。[156]在這裡，佛道兩教與民間眾神共處一地，和平共處，體現了民間信仰「以和為貴」的價值追求。

---

155 張濤主編：《中國歌謠集成・江西卷・儀式歌・祭祀歌》，中國 ISBN 中心二〇〇三年版，第 215 頁。

156 道光《瑞金縣志》卷四《營建志下》。

第三節 ▶ 民間信仰與民眾生活

　　江西民間信仰之所以長期存在並不斷變化，從結構—功能的角度來看，取決於它能以特殊的方式發揮某種作用，解決生產生活中遇到的某些問題。小到家庭，大到行業和社區，都有各具功能的神祇發揮作用。這些大大小小的神祇，伴隨著民眾的日常生活與節慶禮儀，構成了江西民俗的重要組成部分。

一、崇祀活動的幾個層次

　　人們出於不同的需求，創造了林林總總的神祇，進而構造了複雜的「神譜」。有些神祇職能相對單一，有些職能則是多方面的；一般地，特定的社區中的特定神祇負責特定的職能，但有時也會出現許多神祇相互「競爭」，具備相似職能的情況。因此，民間的崇祀活動很難做到絕對地排他性分類。但為了便於把握江西民間信仰的大致輪廓，這種分類又是必不可少的。按民間信仰的崇祀主體分，可以將民間信仰的崇祀活動分為家庭、社區和行業等三個層次，由於行業神崇祀在本書第四章第二節已有詳細論述，此處主要介紹家庭和行業兩個層次的崇祀活動。

（一）家庭性的崇祀活動

　　1. 祈子。傳統時代，為求家族的延續與發展，生子接嗣是生活中的重大事件。為求子嗣，江西與全國各地一樣，也流行祈子之俗。例如，在萬年縣流行一首《送子觀音到堂前》的小調，就典型地看得出這種祈子的傳統：

送子娘娘到堂前，恭賀全家樂無邊。

五穀豐登六畜興旺，但願你一年勝一年。

送子娘娘到你家，喜鵲門前叫喳喳。

你家捐助錢和米，添子添孫樂哈哈。[157]

江西祈子求嗣有很久遠的傳統。據記載漢代餘干人陳靖，就是其母入山求嗣的結果：

（餘干）陳靖，字康叔，孝誠鄉人。初，靖母祈子，時十月，得桃紅如丹，食之，孕十三月生靖。[158]

入山祈子求嗣的傳統，一直保留了下來，尤其是在名山勝地，祈子之風很盛。如武功山，據稱古時仙人留下有煉丹池，其泉能卜宜男或宜女：

（萍鄉）武功山，在安福縣西一百二十里，根盤八百餘里，初名武公山。相傳有武氏夫婦遠來修煉，婦止泰和縣武岡，夫止此，故名。及陳武帝時，山神陰助王師平侯景之亂，更名武功……又有煉丹池，泉不竭，求嗣者於激流掬

---

157 張濤主編：《中國歌謠集成‧江西卷‧儀式歌‧祭祀歌》，第 215 頁。
158 同治《餘干縣志》卷十二《人物志二‧武功》，同治十一年刻本。

水，得圓石則宜男。[159]

武功山上又有稱為「打子石」的景點，也能祈子：

> 更數武，山旁有石極平整，俗名打子石，求嗣者拾小石
> 投之，中則為佳兆。[160]

江西更多的祈子之俗，是以宮觀中專門的送子神為中心的。
如新建西山蕭峰的飛仙觀，傳說其神祈子甚驗。明代曾有人向該
神祈子而獲示夢：

> （新建）西山蕭峰半山有飛仙觀，嘗圮。萬曆間，邑人
> 劉某祈子高禖。神示夢曰：爾新我室，當畀爾子。劉如其
> 言，果得子。[161]

萬年一帶有白馬廟，「昔人求嗣者，多禱於此」[162]。萬年又
有白氏仙娘廟，從唐代以來，一直是當地「求嗣」、「催生」等
活動的中心：

---

159 光緒《江西通志》卷五十二《山川略一・山五（吉安府）》。
160 （清）王瑛：《游武功山記》，同治《萍鄉縣志》卷六《藝文志上・記》，同治十一年刻本。
161 同治《新建縣志》卷九六《類事志・雜說上》。
162 同治《萬年縣志》卷二《地理志・山川》，同治十年刻本。

（萬年）（白氏仙娘廟）在五都株林村吳姓宅後，自唐敕封白氏仙娘，迄今數百餘年，靈顯感應，求嗣、催生，四境咸沾德澤。[163]

在各種送子神祇中，送子觀音可能是最流行的一個。在江西許多地方，都有送子觀音廟。如廣昌一帶，送子觀音廟還有一定的田產，當地祈子「咸往焉」：

（廣昌）邑城北五里為送子觀音庵，無林壑泉石之奇。傳萬歷間有禪人欲營小築，薦地中如見大士遺像，因辟基於岩洞，得金像，遂建庵奉之。凡邑人之求子者，咸往焉。[164]

2. 求壽。長壽一直以來都是人們最大的欲望之一。古往今來，人們嘗試過很多手段，希望實現這一願望。其中向壽星求助就是十分直接的方法。在江西民間歷史上，除了崇拜專管長壽的南極仙翁（壽星）外，還有一位著名的女壽星——麻姑。

晉代葛洪在《神仙傳》裡說，東海人王遠，當上了中散大夫。他精通「天文圖讖河洛之要」，以後棄官入山修道，成了著名仙人。他有個妹妹叫麻姑，非常漂亮，年歲看似十八九，「頂

163　同治《萬年縣志》卷三《建置志·寺觀》。

164　（清）劉邦治：《送子觀音庵贍田記》，同治《廣昌縣志》卷八《藝文志·記》，同治六年刻本。

上作髻，餘髮散垂至腰」。穿著文彩繡衣，耀眼奪目，世間沒有：

> 麻姑至，蔡經亦舉家見之。是好女子，年十八九許，於頂中作髻，餘髮散垂至腰，其衣有文章而非錦綺，光彩耀日，不可名字，皆世所無有也。[165]

麻姑又擺上各種仙家的佳肴：

> 入拜方平，方平為之起立。坐定，召進行廚，皆金玉杯盤無限也，肴膳多是諸花果，而香氣達於內外，擘脯而行之松柏炙，云是麟脯也。[166]

麻姑盡管漂亮，但美中不足的是「手爪似鳥」。王遠有個徒弟叫蔡經，雖學道十餘年，但凡心未死，一見麻姑的尖手，突發奇想：我脊背大癢時，要是叫麻姑撓癢癢，那就太妙了。這個念頭馬上被仙人知道了，蔡經挨了一頓鞭責：

> 麻姑手爪不如人爪形。蔡經心中私言，若背大癢時，得

165　（晉）葛洪：《神仙傳校釋》卷三《王遠》，胡守為校點，中華書局一九九一年版。

166　（晉）葛洪《神仙傳校釋》卷三，《王遠》，胡守為校點，中華書局一九九一年版。

此爪以爬背，當佳也。方平已知經心中所言，即使人牽經鞭之，曰：「麻姑，神人也，汝何忽謂其爪可以爬背耶？」便見鞭著經背，亦不見有人持鞭者。方平告經曰：「吾鞭不可妄得也。」[167]

相傳麻姑修道是在江西南城縣城西的麻姑山。道教宣稱神仙所住的名山仙境有十大洞天、三十六小洞天、七十二福地。麻姑山即為三十六洞天之第二十八洞天，稱作「麻姑山丹霞宛陵洞天」；麻姑山也是七十二福地之第十福地，晉朝大道士葛洪就曾在此煉丹。

麻姑修煉成仙後，自稱「接待以來，已見東海三為桑田，向到蓬萊，水又淺於往昔，會時略半也，豈將復還為陵陸乎。」[168]雖然她長得像十八九歲的少女，但實際年齡已無從計算了。正是由於麻姑的這種長壽關係，歷來麻姑被稱為是女壽仙。在為婦女做壽時，往往有很多與「麻姑獻壽」有關的內容。江西南城縣，甚至還以麻姑山的甘泉，釀出有名的「麻姑酒」，這種酒透明醇厚，果香濃郁，靠著長壽女神的名聲，遠銷海內外。

3. 保家宅平安。居家平安是人們關於幸福的恆久注解。為此，在老百姓的世界中，有一系列的神是負責這一事務的。例如

167　（晉）葛洪《神仙傳校釋》卷三，《王遠》，胡守為校點，中華書局一九九一年版。

168　（晉）葛洪《神仙傳校釋》卷三，《王遠》，胡守為校點，中華書局一九九一年版。

門神，就是阻止妖魔鬼怪進入家門的守護神。每年除夕，家家戶戶清掃庭院，貼年畫，貼門神。門神多為秦瓊（叔寶）、尉遲恭（敬德，因是胡人，又被稱為胡敬德）等武將。關於秦叔保、尉遲敬德等成為門神的經歷，據說與唐太宗有關：

> 神即唐之秦叔保、胡敬德二將軍也。按《傳》，唐太宗不豫，寢門外拋磚弄瓦，鬼魅號呼，六院三官夜無寧刻。太宗懼，以告群臣。叔保奏曰：臣平生殺人如摧枯，積屍如聚蟻，何懼小鬼乎？願同敬德戎裝以伺。太宗可其奏，夜果無警。太宗嘉之，謂二人守夜無眠，因命畫工圖二人之像，全裝怒發，一如平時，懸於宮掖之左右門，邪祟以息。後世沿襲，遂永為門神云。**169**

再如灶神，又稱司命灶神，據說八月初三日生，姓張，名單，字子郭，「狀如美女」。他有夫人，還有六女。據說該神是「天地督使」，監察家庭中的功罪，每年要上天言事，以定該家庭的獎罰，故治灶者唯謹：

> 白人罪狀，大者奪紀二三百日，小者奪算一二百日，故為天地督使。凡治灶於屋中央，口向西，灶四邊令去釜九寸，以磚及細土構之，勿令穿折。灶神以壬子日死，不可用

此日治灶。[170]

而且，不同的治灶方式，可能帶來的不同後果：

> 五月辰日，豬頭祭灶，令人治生萬倍利益。雞毛入灶，有非禍。犬骨入灶，出狂子。正月己巳、丁巳日祭灶，吉。神衣黃披髮從灶中出，知其名呼之，可除凶惡云。[171]

江西與全國各地一樣，在臘月祭灶。如德安縣，「季冬之月八日造酒，二十四日禮灶」。[172]於都等地除臘日二十四祭灶外，還有正月初七迎灶的風俗。[173]祭灶之時，家家備紙錢、香燭和米糖（讓灶君吃後嘴甜，多報善事），鳴放鞭炮，送灶神上天；除夕（也有的地方在元宵節），再備香案祭品，接灶神下地，並在爐上新貼灶神像一張。南昌採茶戲《打灶分家》中有一則插曲講到了灶神，頗能反映灶神在家庭中的這種地位。當時老三媳婦李氏為了與老大老二分家，便故意責打灶君以激怒老大、老二，灶神唱說：「李氏要分家另住，來到廚房打罵於我。我要上天奏她一本。」老大、老二對李氏做法很反感，認為「李氏做事太不良，敢到廚房打灶王。打落了門牙並二齒，夜夜吃不得炒米豆子

170　《新編搜神廣記》後集，《司命灶神》。
171　《新編搜神廣記》後集，《司命灶神》。
172　同治《德安縣志》卷三《地理志・風俗》，同治十年刻本。
173　同治《雩都縣志》卷五《風俗志》。

糖」。看來灶神盡管在神譜中品級不高，但還希望盡量維護自己在各家的威嚴。

江西有些地方有祭廁神紫姑的習慣。傳統時期講究「女主內」，所以家庭衛生也基本由婦女操持，故江西許多地方，祭祀紫姑神的主體是婦女。如瑞金縣，中秋之日，婦女有迎紫姑神之俗，稱為「捉月姑」：

> （瑞金）中秋薦新，芋去皮曰剝鬼皮，為大餅，以象月，陳瓜果以祀月。婦人迎紫姑神，曰捉月姑。[174]

紫姑神據稱是唐代人，生前為人妾，被主母妒忌，陰殺於廁：

> 紫姑神者，乃萊陽縣人也，姓何名媚，字麗卿，自幼讀書，辨利口。唐垂拱三年，壽陽刺史李景納為妾。其妻妒之，遂陰殺之於廁，自此始也。紫姑神死於正月十五日，故顯靈於正月也。[175]

紫姑被殺後，「魂繞不散」，每每於廁中隱隱出現，甚至降乩顯靈，能知禍福：

174　道光《瑞金縣志》卷一《輿地志・風俗》。
175　《新編搜神廣記》後集，《紫姑神》。

厠神者，萊陽縣何氏女，名媚，字麗卿，自幼讀書辨利，唐垂拱三年，壽陽刺史李景納為妾，其妻妬之，遂陰殺之，置其屍於厠中，魂繞不散，如厠，每聞啼哭聲，時隱隱出現，且有兵刀呵喝狀，自是大著靈異，人為屍祝之，懸箕而降，能知禍福，神死於正月十五，故獨顯靈於正月也。[176]

　　婦女祭祀厠神紫姑，帶有較明顯的祈望家內清潔的意義。但在江西，紫姑神「懸箕而降，能知禍福」的超能力，往往為男士所重，甚至連士大夫階層也熱衷不已。在豐城一帶，士人就有以紫姑降乩問卜功名的習慣。清人袁守定記載了雍正丙午科鄉試問卜紫姑而奇中一事：

　　（豐城）雍正丙午鄉試，邑人士叩紫姑仙，問豐邑解名。乩示曰：「邑中幾人赴鹿鳴，解元一半在豐城。三五不是黃閣子，一點靈光照一名。」榜發，額中百四名，解首丁燠；五十二名黃君祿，應「解元一半」字；十五名蔡元浣，應「三五」字；佛書有「黃閣守定」之語，隱藏定名，至「靈光獨照」，當時謂四人中將有一遠到者，今事迄五十餘載，三公早下世，惟定天假之年，岩居養素，豈靈光所照，乃在斯乎？老而力學，亦有冥植，豈非厚幸哉。[177]

176　《新編搜神廣記》後集，《厠神》條。
177　同治《豐城縣志》卷二十八《雜類志·雜說》，同治十二年刻本。

武寧一帶紫姑降乩也很有名，該仙不僅能預知休咎，且所示詩詞甚為雋雅，書法亦精，並受附體於士人之身：

> （武寧）紫姑仙乩。仙也降筆方休咎，至後始驗，所為詩詞皆奇雋可喜。每盛宜仙禱之輒應。宜仙死，仙遂去。乾隆壬午，復降屏山，盛氏有仙曰青湘子、松風子，及鶴亭閔道與學士談詩文，酬唱甚盛。後名仙頗多，或懸筆作大字，蒼古勁逸，迥出塵表。求者隨時直書，多名言格句，足備箴銘。又教人行善事，及修煉養靈之法。然必得庠生黃雲嶠至始降，亦大異也。**178**

士人熱衷於請紫姑降乩以卜休咎的現象，表明紫姑神之職司已超出了保佑家宅平安清吉的範圍，人們還希望求得富貴功名。為人們帶來財富權勢的神祇中，財神等是常見的尊崇對象。

4. 求富貴功名。求財是人們的普遍心理，江西各地建有大量的財神廟，各地都有求神的習俗。例如，廣豐縣建有財神廟，該廟於道光年間修建，附設有戲台、兩廊。**179**除了廟祭外，各地也流行以家庭為單位的祭祀活動。如分宜一帶，工商之家以初二

---

178 同治《武寧縣志》卷四十四《軼事》，同治九年刻本。
179 同治《廣豐縣志》卷二之二《壇廟志》，同治十一年刻本。

日為「起牙祭財神」之日。[180]南昌西湖一帶，流行送財神神像貼於家內，即「送財神」的習俗。至今仍流傳有《送財神》的喊神調：

好了好了，財神到了。

財神送到家，福貴又榮華。

財神面朝裡，招財又招喜。

財神貼上壁，大大細細都有吃。

財神貼到中柱上，人財都興旺。

拿得快，發得快，騎馬放金債。[181]

南昌縣一帶也有類似的活動，該地流行的小調《貼財神》是這樣唱的：

恭喜又發財，財神菩薩送上來。

財神菩薩面朝裡，招財又招喜。

財神菩薩面朝中，件件喜事不落空。

財神菩薩面朝外，養豬養得年樣大。

財神菩薩中堂坐，雞雞鴨鴨滿山河。

財神菩薩生子根，做屋要做半邊天。

---

180 民國《分宜縣志》卷十四《風俗志‧習慣》。
181 張濤主編：《中國歌謠集成‧江西卷‧儀式歌‧祭祀歌》，第214頁。

貴府發了財，我明年初一又要來。[182]

　　歌謠中提到的招財招喜、人財興旺諸端，道盡了民間對美好
生活的理解和嚮往。江西一帶除家內貼財神外，也有敬福神的習
慣。福神據稱是漢代道州刺史楊成，他曾向漢武帝仗義進諫，為
道州除去進獻侏儒的弊政：

　　福神者，本道州刺史楊公，諱成，字昔。漢武帝愛道州
矮民，以為官奴玩戲。其道州民生男選揀侏儒好者，每歲不
下貢數百人，使公孫父母與子生別。自刺史楊公守郡，以表
奏聞天下云：臣按五典，本土只有矮民，無矮奴也。武帝感
悟，省之，自後更不復取。其郡人立祠繪像供養，以為本州
福神也。後天下士庶黎民皆繪像敬之，以為福祿之神也。[183]

　　江西各地也有福神廟，但崇祀對象往往是江西本土所產。如
南昌省城的福神廟，就崇祀江西本地的三尊神祇，據說三神曾助
許真君斬蛟有功：

　　（南昌）福神廟在德勝門外大巷口內，濱河，相傳神三
位，熊姓、曾姓、傅姓，俱助許旌陽治蛟有功，里人立廟祀

182　張濤主編：《中國歌謠集成・江西卷・儀式歌・祭祀歌》，第 215 頁。
183　《新編搜神廣記》後集，《福神》。

之。[184]

　　江西各地家庭內部往往如貼財神一樣，也流行崇祀福神。

（二）社區性的崇祀活動

　　日常性的以家庭為單位的崇祀活動，一般而言，規模較小。而社區性的崇祀活動，尤其是節慶時期的迎神賽會，規模往往很大。這類崇祀活動中既充滿了社區內部的互助合作精神，也充斥著社區間激烈的競爭。

　　江西各地社區性的崇祀極為盛行。如於都一帶，「城內十方，坊各有廟，自五月初七至下八，設醮演劇，靡費中人之產可近百家」[185]。贛縣一帶，「城內外百餘廟」，每年為此花費重貲以酬神：

　　　　（贛縣）俗崇尚賽神。城內外百餘廟，每歲燈節後，即畫龍舟祀奉彌月，盛筵演劇。送神之日，鉦鼓沸地，旗旛蔽天，計其費可敵中人百家之產。[186]

　　新余社區性的神廟更多。僅水神就有龍母廟、惠濟廟、登龍

184　同治《南昌府志》卷十三《典祀一‧祠廟》，同治十二年刻本。
185　同治《雩都縣志》卷五《風俗志》。
186　同治《贛縣志》卷八《地理志‧風俗》。

廟、惠濟祠等：

> （新喻）龍母廟：在縣西四十里板陂，遇旱祈雨輒應，
> 有宋嘉定年鐘現存。
> 惠濟廟：一在縣東十五里鳳落灘。（明洪武二年間，有
> 裡人胡宏道坐逝於祠，為神，賜祭贈水府巡檢使胡公真
> 人。）一在縣擢秀鄉。
> 登龍廟：在縣東七里許登龍橋側，宋嘉祐三年敕建祀。
> 惠濟祠：在縣治西北茶陵營，祀晏公真人。[187]

除上述龍母廟、惠濟廟、登龍廟外，還有合祀晏公、蕭公的
「水府祠」，且不止一處：

> （新喻）水府祠：神曰晏公，清江鎮人，洪武中以護國
> 封平浪侯。曰蕭公，新淦人，永樂中以護國封英佑侯。凡水
> 畔俱有其祠。
> 一在縣南五里洋津；
> 一在縣東三里距河（明永樂間，廟側建圓通庵奉祀）；
> 一在縣東回龍洲（知縣李存仁建）；
> 一在縣西二十里洙口洲。[188]

187 同治《新喻縣志》卷三《建置·壇廟》，同治十二年刻本。
188 同治《新喻縣志》卷三《建置·壇廟》，同治十二年刻本。

此外，新余還有大量由地方大族單獨或共同修建的社區性神廟。如縣西的伯公廟，原為宋代黃氏修建，後來荒廢，但在道光年間，又由黃氏「合族重修」。再如趙公廟、仁壽宮、忠烈祠、張公古廟等，也都由各地方大姓「合族共建」：

> （新喻）趙公廟：在縣西五十里，白梅後嶺習氏合族共建。
>
> 仁壽宮：在縣西五十里，白梅水鏡祥林左習氏合族共建。
>
> 忠烈祠：在縣東八十里，高湖上龔氏合族修。
>
> 張公古廟：在縣北八十里，錢氏合族修。[189]

在各種社區性的崇祀活動中，土地神的崇祀活動可能是最典型的一種。江西大部分地區，每年春秋社日，會舉辦各種祭祀活動，表達對大地豐收的喜悅和對土地神的謝意。土地神就像一位長者，其所在的土地廟往往有一定的轄區。土地廟中供奉著的土地神往往被雕塑成慈眉善目、銀鬚飄灑的老者，十分和藹可親。

在江西，祭祀土地神具有悠久的傳統。宋代洪邁的《夷堅志》中，就記載了一則鄱陽「蓮湖土地」的故事。故事說的是鄱陽的蓮湖寺的和尚惠臻，出外化齋，隔日而返。但就在這個空當，小偷光顧了蓮湖寺。惠臻極為感嘆，忍不住在本寺的土地堂

---

189 同治《新喻縣志》卷三《建置‧壇廟》。

外壁上題了一首詩，抱怨土地不管事。該夜，惠臻夢土地神恭敬地向他請罪，並希望將這首詩塗去：

> （鄱陽）蓮湖寺僧惠臻，出近村赴齋供，經日始還。而盜穴其室，囊缽一空。臻顧戀嗟嘆，作小詩書土地堂外壁上。其前兩句云：「禍來患至不由人，土地伽藍固弗靈。」夕，夢一老翁卑辭而請曰：「吾職護山門，乃有不能覺盜竊之失，何所逃罪？然所書之句在壁，觀者見必讀之。吾之羞辱，不啻撻於市朝。願師為去之。自此苟有穿窬之過，雖蠻棄此軀，不敢愛也。」臻覺而感其異，旦即刮除之。**190**

這則故事看似荒誕，但卻反映了人們對土地神守土護民的某種期待。而蓮湖土地神愛面子的憨態，也被刻畫得相當生動，我們似乎看到了一位充滿人情味的慈祥老者。

清人袁枚的《新齊諧》中，有一篇《裘秀才》的文字，則講到南昌的社公（土地公）「詐人酒食」，最後被城隍爺免職的事。故事說的是南昌的裘秀才，放蕩不羈，夏日為求涼爽，公然「裸臥」於社公廟中。沒想到這種不端重的行止褻瀆了土地神，回家後裘秀才得了一場大病。裘秀才的妻子趕緊置備豐盛的祭品，為秀才向土地神請罪，不久，裘秀才的病果然好了。裘秀才的妻子

---

190 （宋）洪邁：《夷堅志‧支庚》卷七，《蓮湖土地》，台灣明文書局一九八二年版。

要求秀才前往社公廟向土地神答謝。但病好後的裴秀才不僅不願
向土地神答謝，反而怒氣沖天，並寫下一紙訴狀燒化，向城隍廟
告發土地神敲詐酒食。由於城隍不受理，裴秀才再寫訴狀投訴城
隍神。此招果然收效，社公遭到革職，但裴秀才也因「不敬鬼
神，多事好訟」被懲罰：

　　（南昌）裴秀才某，夏日乘涼，裸臥社公廟，歸家大
病。其妻以為得罪社公，即具酒食燒香紙，為秀才請罪，病
果愈。妻命秀才往謝社公，秀才怒，反作牒呈，燒向城隍
廟，告社公詐渠酒食，憑勢為妖。燒十日後，寂然。秀才更
怒，又燒催呈，並責城隍神縱屬員貪贓，難享血食。是夜夢
城隍廟牆上貼一批條云：「社公詐人酒食，有玷官箴，著革
職；裴某不敬鬼神，多事好訟，發新建縣責三十板。」秀才
醒，心懷狐疑，以為己乃南昌縣人，縱其責罰，不得在新建
地方，夢未必驗。未幾，天雨，雷擊社公廟。秀才心始憂
之，不敢出門。月餘，江西巡撫阿公方入廟行香，為仇人持
斧砍額。眾官齊集，查拿凶人。秀才以為奇事，急往觀探。
新建令見其神色詫異，喝問：「何人？」秀才口吃吃不能道一
字，身著長衫，又無頂戴。令怒，當街責三十板。畢，始
稱：「我是秀才，且係裴司農本家。」令亦大悔，為薦豐城
縣掌教。[191]

191　（清）袁枚：《新齊諧——子不語》卷三《裴秀才》，齊魯書社

裘秀才不僅敢於「裸臥」於社公廟中，還勇於向城隍爺揭發土地公的「勒索酒食」的過失。土地公在這裡竟然也跟我們凡人一樣，貪圖小便宜，最後耽誤了自己的前程。在這裡我們看到了土地神在民間的典型形象：一方面，土地公是和藹的老者，慈眉善目，也勤於職事；但另一方面，土地公雖然名登仙籍，卻仍然具有七情六欲，還經常表現出他的「小心眼」。正是土地神的這種「人情味」，拉近了他和廣大老百姓的距離，使土地神成為與老百姓走得最近的神。因此，老百姓無論大事小情，往往都會和土地神溝通交流。

二、民間信仰與民眾生活

民間信仰與民眾生活密切相關，各路神祇通過各種方式進入民眾生活。尤其是在民眾的日常祈禳和節慶賽會等活動中，民間信仰與民眾生活的關係顯得特別緊密。

（一）日常祈禳

祈，即祈福，指民眾以向神靈祈禱的方式獲得福惠；禳，即禳災，指通過與神靈溝通或以法術袪除災害。在民間，小到祈壽、求子，大到禳旱災、禳時疫，往往都可以通過祈禳進行。祈禳涉及的對象很廣，與民眾生活聯繫密切，很能反映民眾如何看待生活，如何追求美好生活的一般情況。關於民眾向神靈祈福的

一九八六年版。

內容，前面已有較多的論述，這裡主要論述民間信仰中的禳災現象。

在江西民間，「罕事醫藥，崇尚鬼巫」之風，以往非常興盛。如定南一帶：

> （定南）疾病罕事醫藥，崇尚鬼巫，曰設鬼，曰和煞，曰保福，曰退病，紛紛不一。昔人云：越人信鬼。殆風氣然歟。[192]

在萍鄉地區，以巫代醫之風更盛，甚至發展出一套稱為「打天齋」、「打菩薩」的習俗。「打天齋」是一種巫術治病法，指偶受皮膚之病或外科病患者，經旬不愈，則央親友到各家募化米粒，製成少粿四面拋擲，施舍貧人或乞丐：

> （萍鄉）設有人偶受皮膚之病，如跌打損傷腫痛糜爛，以及種種之凡關於外科者，經旬日不愈，即央請二三親故、左右良朋，提筐背袋，嘻臉笑容，至各家請求米粒。多者一升，少者一碟、一甌不等。此外線香若干，視貧富以分多寡，必充其欲望而後去。如是者多日，積而至米粒三四擔以至十余擔，如是以其半或三分之二磨成粉質，製作圓形物，向四面拋擲，附近之貧家兒童或窮措大，或乞丐，群來搶拾

192 同治《定南廳志》卷六《風俗》。

之，謂之搶天齋。拋擲既完，一哄而散，謂病者從此可慶再
生矣。當搶拾之時，如精神疲倦者不敢致身人叢，則所得甚
少，其數不滿二五以上，必又存而拋棄之，謂得之反足以招
病。嗚呼！疾病在身，不務醫藥，而以打天齋為卻病之方，
可謂迷信極矣！[193]

病家之所以「打天齋」，可能用意在於通過施舍和滿足作祟
的鬼怪，使之離開病體，達到病愈的目的。當地還流行的「打菩
薩」習俗，屬於招魂術的一種，需要楊四菩薩的參與，由道士主
持：

　　（萍鄉）設有人偶受風寒，發生種種病狀，如嘔吐也，
　　頭痛也，四肢畏寒也，遍體發熱也，以及口中作囈語，面目
　　帶猩紅色，經數日不愈，即於附近寺觀中迎接楊四菩薩（俗
　　又謂之楊四將軍）一位，置之家堂之上。又敦請一道士，花
　　其衣，紗其帽，口誦「齊東集」，時跪時拜，如是者半日。
　　迨黃昏後，以壯有力者二人，肩負楊四，左右波折，任意播
　　弄，口中作牛鳴，呼呼不已。此外雜以銅鑼聲，儼如道場。
　　並攜小水罐一個，徒步出門，至水畔枯樹之處，道士對罐作
　　法。當火光燭天之時，見凡有飛蛾蟻蟲等來，即捕捉一二，

193 胡樸安：《中華全國風俗志》下篇《江西・萍鄉人之迷信》，第298-
　　　299頁。

置之罐中，謂之病者之魂魄。既畢，仍喧嚷返家，但相戒同去之人，不得回首後顧，謂後顧則魂魄來而復去云云。是之謂打菩薩。[194]

除用小水罐等道具外，米篩、病人衣服等也經常在「打菩薩」之際使用：

（萍鄉）有因以喊魂者，向夕由道士率主人，親至其地，以米篩拋錢攝之。或捉生蟲如飛蛾之類，以病人衣藏之；或有拾木偶神，以布捧繫其項，名打菩薩者。[195]

分宜也流行類似的做法：

（分宜）其或家有病人，輒疑神疑鬼，先求卜筮朕兆，或延道士設壇於家，削板畫符。或用巫覡口念咒，手拗訣，俗曰楊泗將軍，又曰喊魂。由巫率主人，親至某方，以米篩拋錢攝之，觀命字，占吉凶。旋捉生蟲如蚱蜢、飛蛾之屬，以病人衣裹歸，隨以雄雞血祭，茅郎替之，蓋亦有效有不效者。[196]

---

194 胡樸安：《中華全國風俗志》下篇《江西・萍鄉人之迷信》，第 299 頁。
195 民國《昭萍志略》卷十二《風土志・禮俗》。
196 民國《分宜縣志》卷十四《風俗志・醮賽》。

此外，萍鄉還流行鳴鉦伐鼓的禳病之法，具體程序是：

> （萍鄉）鄉裡迷信鬼神，病輒疑為鬼作祟，就卜者占：
> 宜向何方，用錢若干。延道士於家，鳴鉦伐鼓以禳。[197]

在醫療知識不發達的時代，天花的流行無疑是災難性的，尤
其是對兒童的生命形成極大的威脅。在江西民間，為防止小兒被
天花危及生命，民間發展出一套敬奉相應的儀式和制度。萍鄉一
帶以敬祀瘟神治痘，「小兒痘殤，父母不敢哭，祀瘟神最虔」[198]。
在江西對付天花最常見的方式，是崇祀「痘神」，即「天花娘
娘」。

例如在分宜縣，有定期給小兒種天花的傳統，主其事者為
「痘師」；屆期要設壇虔祀天花娘娘，事後還要恭送天花娘娘「下
河」：

> （分宜）小兒種天花，設壇祀天花娘娘，齋沐最虔。並
> 以盛饌供養痘師，充痘師者多湘人。好事者每藉花壇為賭
> 博。送天花娘娘下河之日，其耗費與城內之送船神相同。[199]

---

197 民國《昭萍志略》卷十二《風土志·禮俗》。
198 民國《昭萍志略》卷十二《風土志·禮俗》。
199 民國《分宜縣志》卷十四《風俗志·醮賽》。

「痘神」信仰在中國的傳播，是較為晚近之事，是隨著天花病在中國的傳播，而使得對付痘症成為強烈的需要才逐漸形成的：

（奉新）天姥者，世俗所傳天花聖母也，其神云司痘，其詳不可考。其母唯見於說部，而不言所自，亦無天姥之稱。溯痘之一說，秦以前無之，自漢馬伏波征交趾，軍士傳染，始入中國。洎宋人又創為種痘法，美其名曰天花。由是漸有馮氏、萬氏痘科諸書。痘既自無而有，神亦自無而有焉耳。**200**

隨著天花的流傳，人們也逐漸探索出了對付天花的一些辦法，其中種殖「神痘之法」是較為有效的一種。人們對這種功效無法合理解釋，往往認為是天花娘娘佑護的結果：

（樂平）其神司造化之柄，救陰陽之偏，發五臟六腑之毒，以各遂其性命。功通浩浩，德惠元元，極參贊之參事，施再造之鴻功，豈不偉哉！**201**

特別是由於天花對小兒具有更大的傳染性，父母愛子，故祀

---

200 同治《奉新縣志》卷四《建置志一·寺觀》，同治十年刻本。
201 同治《樂平縣志》卷二《建置志·壇廟》，同治九年刻本。

神唯謹，這進一步推動痘神信仰的普及：

> （奉新）吾邑天姥宮向建於北關外獅山之巔，歲久祀廢。道光初，邑人改建也。由嬰兒底成人痘，實為中間一大關鍵。父母愛子之心，無所不至，莫不願佑其子而壽考之，故莫不願祀其神，而頂祝之也。[202]

在南昌一帶，出痘嬰兒往往還喃喃念叨仙姑來，仙姑去，據說父母「齊心祈禱」，則嬰兒病症立減，「其應如響」：

> （南昌）吾嘗見出痘之家，嬰兒口中往往自仙姑來，仙姑去。為父母者齊心祈禱，其應如響，則信矣神之為靈昭昭也。[203]

這些都推動了痘神信仰在江西的普及。因此，天花宮（天花娘娘廟、天姥宮）在江西各地普遍建立。如：

> （奉新）天姥宮，在北門外城隍廟東，明崇禎間邑人自西蜀來傳神痘之法，效法如響應。民感神功，立宮祀之。國朝順治十八年，知縣黃虞再建水心亭於宮前池中，有記，今

202　同治《奉新縣志》卷四《建置志一‧寺觀》。
203　光緒《江西通志》卷七十三《建置略四‧壇廟一‧南昌府》。

廢，址存。道光初，眾姓遷建於東關內延恩寺左。咸豐元年邑進士賴以立捐修，四年毀於兵。同治八年，以立子運揚倡首勸捐重修，自為記。**204**

樂平一帶原先也無「專祀之廟」，僅是在初春「布種天花」之際，「家奉香火」，鼓吹迎送而已：

> （樂平）之風俗醇謹，敬信痘神，每當初春，布種天花，家奉香火，高設壇台。已而鼓吹送神，畫船雕欄，車馬服飾，旗章之類，莫不工致精巧。甚且俳優奏技，雖貧乏者亦殫其力之所以能，以壯觀瞻，誇盛事焉。**205**

當地鑑於天花娘娘有護佑小兒之功，決定建立「專祀之廟」，「分簿勸捐」。民眾出於對天花娘娘的敬重，「踴躍爭先，從事募化」，天花宮「不期月而告成」。**206**

痘神為何所祀皆「女像」，這與痘神的「保赤」功能有關：

> 然世所祠痘神，何以皆女像？曰：此亦毋庸深辨。吾聞菩者普也，薩者濟也。神之變化不一，其以為慈悲普濟斯

---

204 光緒《江西通志》卷七十三《建置略四‧壇廟一‧南昌府》。
205 同治《樂平縣志》卷二《建置志‧壇廟》。
206 同治《樂平縣志》卷二《建置志‧壇廟》。

世，則一觀音菩薩，亦女像也。必謂觀音為女化身，非女化身亦愚矣。且古之愛民者，曰若何赤子，言愛民如赤子也。今人自始生，至於成童，數歲之內，無賢愚貴賤，必皆出痘。出痘之時，必仗神以為之呵護，神之保赤子，何異慈母哉？夫保赤子如慈母，是真無人而不愛，則亦無人而不當敬以祀之，以答其貺，無人而不當祀，則亦無地而不當專以祠祀之，以棲其靈。[207]

正是由於痘神慣於護佑小兒，而建立了慈母般的形象，在江西許多地方，痘神往往與大慈大悲的觀音菩薩一起受到供奉。如會昌縣，當地的大士堂與天花宮原先都設在城隍廟，後來重修時又將大士堂與天花宮合修在一起，分別在樓上、樓下崇祀觀音菩薩和痘神：

> （會昌）大士堂，奉觀音；天花宮，奉痘神。舊在城隍廟。乾隆二十八年，改造城隍廟，移於玉皇樓左。嘉慶五年，水圮。六年，署知縣劉蘷和倡建，改樓上為大士堂，樓下為天花宮。[208]

（二）迎神賽會

207 光緒《江西通志》卷七十三《建置略四‧壇廟一‧南昌府》。
208 同治《贛州府志》卷十四《輿地志‧祠廟‧會昌縣》。

除了日常的祈禳活動，節慶期間的迎神賽會，也是民眾生活與各路神祇發生密切關係的重要場合。在江西各地，都有自成特色的歷史上形成的迎神賽會活動。這種大型的社區性活動，直觀地體現了社區內的互助協作關係和社區間的激烈競爭程度。

例如定南一帶，以「多神會」聞名，其中重要的是觀音會、關帝會：

> （定南）多神會，凡家居奉祀及鄉鎮廟宇，皆有會，唯二月十九觀音會、五月十三關帝會為尤勝。**209**

廣豐的賽會活動也很熱鬧，如元宵期間的「攜花火賽」，十月的演劇秋報，就是當地特大規模的迎賽活動：

> （廣豐）元宵張燈，以米粉為丸相餉，謂之上元圓，縉紳家陳簫鼓舉觴高會。市井攜花火賽放通衢，至二十日始撤而火之，謂懺燈。**210**
>
> （廣豐）冬十月，各鄉演戲，農人以報土功。有設紙燈掛竿，或五或十，相穿相續，遍繞村衢。一神廟聯云：「紫燕來時春酒綠，黃花開後社燈紅。」亦太平一佳景也。**211**

209　同治《定南廳志》卷六《風俗》。
210　同治《廣豐縣志》卷一《地理志·風俗·賽會》。
211　同治《廣豐縣志》卷一《地理志·風俗·賽會》。

萍鄉一帶每當「新年」，「村市各有神會，神出，鼓吹導行村市間，以報賽者」，也是極其隆重的活動。[212]

　　這類大型的社區性活動，往往一年中不止一次，很多地方甚至每月都有相應的特色項目。如萬載縣的迎神賽會名目極多，除了「按月節序」的賽會外，還有各種慶神誕活動，此外還有「不拘月數」的「萬人緣」和「陽戲心願」等。如各種「按月節序」的賽會活動：

　　　　（萬載）若夫按月節序，如元旦之拜年、元宵之張燈、花朝之蹈青、清明之掛紙、端午之競龍舟、中元之焚楮錢、賞月以中秋、登高以重九、祭灶於小年、守歲於除夕，率與鄰邑無甚異。[213]

又如各種慶神誕活動：

　　　　（萬載）縣城隍廟新正演戲十日，至四月十八神誕，先期月余，梨園紛集，士民酬願無虛日，城坊各廟俱賽戲飲宴，四月終乃罷。其次莫如樠樹潭八九月間歌舞賽神，即以通商。余如高城盧家洲率以五月，周陂橋白水率以八月，弁

212　民國《昭萍志略》卷十二《風土志・禮俗》。
213　民國《萬載縣志》卷一之三《方輿志・風俗・賽會》。

村潭埠則五月、八月兼之，又大畲口墟市亦在八月。[214]

再如各種「不拘月數」的「萬人緣」和「陽戲心願」：

（萬載）其或修建功竣，必募貲戲醮，名為萬人緣，此則不拘月數者也。又有所謂陽戲心願者，提挈傀儡，始為神，繼為優，各家有願演之。[215]

分宜一帶的迎神賽會也極熱鬧。八月內有數種著名的賽會活動，大的如中秋期間的鄉村「案神」的「朝拜」、大規模在「聖母誕辰」到閱城君祠的晉香等。

（分宜）八月中秋賞月。夜間兒童燒瓦塔，自下至杪，望若火樹，謂為辟邪。鄉村各有案神，每年正月元日出行一次，至八月朝拜一次。紅傘彩旗，吆喝於道，極形歡娛。故八月畫多陰，俗云：八月朝拜天，七日八夜煙。昌山為邑上游，當吳楚之沖。唐立有龍母閱城君廟，每達八月十三日聖母誕辰，朝謁晉香，古廟為之塞，道路絡繹不絕。無論本邑人及他邑人，莫不若厥角稽首，虔誠頂禮，誠所謂香火千

214 民國《萬載縣志》卷一之三《方輿志・風俗・賽會》。
215 民國《萬載縣志》卷一之三《方輿志・風俗・賽會》。

秋。[216]

迎神賽會期間，不僅是社區集體向神祇表示虔誠敬奉的時刻，也是社區內部強化互助與協作傳統，形成對社區認同的重要契機。例如瑞金縣新正期間的龍船會活動，民眾通過參與「接大神」、「送大神」等環節而建立起社區認同感，又藉連日「招集鄰友酣飲」為契機，延續了社區內部的互助與協作的傳統：

> （瑞金）龍船會，贛俗在五月，瑞則在新正。與會者各占一日，迎神像於家，用鼓樂旗幟遍遊街市。至人家，曰接大神。其神以巨軸畫數百像於船內，復塑像五，則楊泗將軍、蕭老官人、康元帥等，統名之曰大神。晚夕例招集鄰友酣飲，高歌達旦，次日更至一家亦如之。至望日，作紙船赴水濱燒之，曰送大神。[217]

賽會期間，人們往往爭奇鬥巧，大肆鋪張，踵事增華，這往往也會招致各種批評。如清江上元迎送「神船」期間，「舁彩舟行地上，羅載百神，服飾甚盛，鼓吹三日，乃送而焚之江滸」，場面盡管豪華，但卻可能帶來「典衣又辦無田賦」的後果。清人施閏章曾在《神船詞》中這樣描述清江上元迎神的奢華場面：

216　民國《分宜縣志》卷十四《風俗志・醮賽》。
217　道光《瑞金縣志》卷一《輿地志・風俗》。

清江江上春未生，江城滿耳棹歌聲。

驚雷駭電紛縱橫，桂楫蘭舟平地行。

駕赤螭兮吹玉笛，驅風伯兮抗霓旌。

船中恍惚天帝居，乃是上帝百神之所都。

羽衛陰森彩仗集，帆檣蜿蜒蛟龍趨。

別有天妃曳長佩，篙工柁師皆好姝。

靈旗風起時晦暝，仙樂要眇還有無。

疏星歷歷月皎皎，夜祀明燈接清曉。

騰毛臑繁陳酒漿，瓦卜雞占前致禱。

黃冠陪坐恣盤餐，父老爭言神醉飽。

願驅厲鬼屢豐年，使我百穀皆堅好。

喧闐花月可憐春，送神還向清江濆。

縱火燒船付江水，錦袍絳節成飛塵。

塵飛處，水東去，梅花已落江皋路。

年年賽社不愁貧，典衣又辦蕪田賦。[218]

　　對正統官紳而言，迎神賽會還可能帶來諸如「開賭抽頭」等惡劣的社會後果。例如分宜一帶十月下元建「清平醮」期間，盡管場面熱鬧，但也帶來「四方流氓趨之若鶩」的惡果，他們參與「開賭抽頭」等違法勾當，令官紳頭痛不已：

218　（清）施閏章：《神船詞》，（清）張應昌輯：《詩鐸》卷二四《鬼神》。

（分宜）十月下元，城北每年有建清平醮者，演劇動以月計。藉開賭抽頭，通宵達旦，四方流氓趨之若鶩，此風至今不熄。城南惟七都有建萬人緣者，專尚演劇，但限以十年一次，蜂擁不亞城北，今已廢除。[219]

由此可見，民間信仰盡管與民眾生活密不可分，但對於統治者而言，民間信仰的作用與影響卻是非常複雜的。尤其是在正統官紳看來，民間信仰的負面意義可能更加明顯。

第四節 ▶ 「祀典」與民間信仰

對於官府和正統學者而言，民間信仰在一定程度上能補充政教之不足，起到「神道設教」的作用。但民間信仰的參與主體是廣大民眾，他們對各種神祇的認識源於習慣和傳統，強調神祇的「靈應」效果，崇祀行為具有強烈的功利性目的。而且，民眾為了滿足各種功利性的需要，創造了大量的功能性的神祇，這些神祇有些來自佛道經典，但多數是不載於經典的「野鬼」。正是由於存在這類問題，傳統時期官紳常將視民間信仰為「荒誕不經」，發展到極端的情況，甚至發動以打擊「淫祀」或反對「封建迷信」為口號的整頓運動。這些對民間信仰的發展具有深刻的影響。

219 民國《分宜縣志》卷十四《風俗志‧醮賽》。

一、祀典與官方的崇祀活動

「國之大事，在祀與戎。」中國歷代統治者都將祭禮問題，與軍事一樣重視，認為是關乎國家存亡興衰的重大問題。古人認為，鬼神祭禮問題處理得當，則政治秩序也趨於安定，「聖人以神道設教，而天下服矣」[220]。鬼神祭祀問題與人事治理具有內在的統一性：

> 人事倫，則順於鬼神；順於鬼神，則降福孔皆。《詩》曰：「以享以祀，以介景福。」[221]

因此，對於統治者而言，為了維持統治秩序的穩定，必須盡力做到「敬鬼神」。誰褻忘了鬼神，就應當受到懲罰。在儒家經典《大戴禮記》中，就將「誣鬼神」視為最令人髮指的五種「大罪」之一：

> 大罪有五：逆天地者，罪及五世；誣文武者，罪及四世；逆人倫者，罪及三世；誣鬼神者，罪及二世；殺人者，罪止其身。故大罪有五，殺人為下。[222]

220　《周易·觀卦》，線裝書局二〇〇七年版。

221　（漢）韓嬰：《韓詩外傳集釋》卷三，許維遹校釋，中華書局一九八〇年版。

222　（漢）戴德：《大戴禮記》卷十三《本命》，（北周）盧辯注，中華書局一九八五年版。

儒家重視「敬鬼神」，但強調鬼神祭祀活動必須與既有的政治框架相對應，認為鬼神祭祀是有等級性的。天子、諸侯、大夫、士由於各自的政治地位不同，而處於不同的祭祀階序中：

　　　　天子祭天地，祭四方，祭山川，祭五祀，歲遍。諸侯方祀，祭山川，祭五祀，歲遍。大夫祭五祀，歲遍。士祭其先。[223]

　　那些違反政治—祭祀階序的行動，被視為是「無福」的「淫祀」：

　　　　凡祭，有其廢之，莫敢舉也。有其舉之，莫敢廢也。非其所祭而祭之，名曰淫祀，淫祀無福。[224]

　　除了強調以既定的政治階序規範祭祀行為外，儒家還強調遵從「祀典」，不祭祀祀典之外的鬼神。歷代的祀典都不盡相同，但都強調鬼神能否列入祀典，必須具備以下五個條件之一：

　　　　夫聖王之制祭祀也，法施於民則祀之，以死勤事則祀之，以勞定國則祀之，能御大災則祀之，能捍大患則祀

223　《禮記・曲禮下第二》，遼寧教育出版社一九九七年版。
224　《禮記・曲禮下第二》，遼寧教育出版社一九九七年版。

之。[225]

從這些條件可以看出，儒家對祭祀鬼神活動的強調，是服務於強化現實政治倫理秩序目的的。為了達到這一目的，官府經常性地將一些符合條件的神祇，編入祀典，作為官方崇祀的對象。

例如文昌帝君的崇拜，在清代列入官方的祀典以前，在民間已經有很長的崇祀傳統。嘉慶六年（1801），文昌帝君被列為國家祀典，各地相應建築了文昌廟，以崇祀文昌帝君，以每年的二月初三日文昌帝君誕辰，作為「春祭秋祭」之期。之所以崇祀文昌帝君，在統一格式的官方祭祀祝文中是這樣的說的：

> 維神著西垣，樞環北極。六匡麗曜，協昌運之光華；累代垂靈，為人文之主宰。扶正久彰。夫感召薦馨，宜致其尊崇，茲屆仲春（秋），用昭時祀，尚其歆格，鑑此精虔。[226]

也就是說，文昌帝君由於匡護文運有大功績，因此得到官方的肯定和崇祀。

又如南康府宮亭廟神在宋代「敕著祀典」，其理由則是該神能「分風為二，擘流為兩」，利於官民行舟。[227]再如都昌縣「顯

225　《禮記・祭法第二十三》。
226　同治《重修上高縣志》卷九《壇廟・廟》，同治九年刻本。
227　康熙《江西通志》卷十九《祠廟・南康府》。

應元將軍」，即在鄱陽湖一帶廣受民間崇祀的黿將軍，該神在嘉慶十五年（1810）間由江西巡撫題請「左蠡元將軍」封號，奉敕加封「顯應元將軍」，所有祭禮品儀，「仿照嘉慶九年巡撫秦承恩題請致祭許真君之例」，「嗣後即以春分、秋分日致祭，永為定期，載入祀典」。官方核定的祝文，也強調該在護佑漕運與商民航運上的貢獻：

> 維神昭功轉漕，護佑商民。宏利濟於重湖，龍驤穩渡；慶安瀾於左蠡，鶂首飛行。西江是賴，南國遙瞻。茲居仲春（秋）之吉，敬陳牲幣，肅布幾筵。[228]

許遜、韋丹在明代正統元年，由按察使石璞奏請列入祀典，由地方官加以崇祀，[229]體現了官方對那些在區域歷史中起到「以勞定國」、「能捍大患」者的肯定態度。貞烈祠列入祀典，則體現了官府希望通過祀典，宣揚和強化綱常名教的用意所在。該祠位於百花洲昭忠祠內，「祀咸豐以來江西婦女殉寇難者」，於同治六年由巡撫劉坤一奏列祀典。[230]

再如南昌的旌忠祠，在明代被列入祀典，則是由於「有司奉上命以祀死忠之臣也」。該祠所祀之孫燧、許逵兩人，曾在朱宸

228 同治《都昌縣志》卷七《典禮志・秩祀一・壇壝・顯應元將軍廟》。
229 康熙《江西通志》卷十八《祠廟・南昌府》。
230 光緒《江西通志》卷七十三《建置略四・壇廟一》。

濠叛亂時「正色抗詞」，不屈而死：

　　正德己卯夏六月十有四日，藩府逆賊宸濠反，假宴會，集撫按藩臬暨諸司於庭，環列兵刃。首呼巡撫都御史余姚孫公燧，詐稱密旨，令起兵脅使從逆。公正色抗詞折之，請見密旨，濠語塞。公復矢以天無二日，臣無二君之義。次問按察副使固始許公逵，亦毅然曰：唯有赤心耳，豈從反乎？濠怒，令兵校曳出惠民門戕之。二公罵不絕口，延頸受刃。時方盛陽，日慘然無光，忽有黑雲蔽其屍竟日。[231]

　　孫、許獻身後，當地百姓曾將南昌城中的一區土神廟，「撤去土神位，奉二公祀之，號曰『全大節祠』，以時謁禱」。嘉靖年間，應江西地方官奏請，該祠被列入祀典。[232]

　　從以上所舉數例可以看出，「祀典」的用意是通過宣揚神祇具備的美德，強化綱常名教，以達到輔助現實的政治安排的目的。為了達到這一目的，官府必須對列入祀典的神祇，舉辦各種規定的崇祀活動。

　　官府不僅寄希望於列入祀典的神祇，起到輔助綱常名教的作用，而且在政治生活中也經常向其尋求幫助。尤其是在人力所不能干預的祈雨祈晴問題上，某些祀典神常常是官方的求助對象。

231　（明）謝遷：《旌忠祠記》，同治《新建縣志》卷七十六《藝文志》。
232　（明）謝遷：《旌忠祠記》，同治《新建縣志》卷七十六《藝文志》。

唐代大文豪韓愈擔任袁州刺史期間，袁州一帶發生大旱。韓愈為此先向城隍神祈雨，其祈雨文曰：

維年月日，袁州刺史韓愈謹告於城隍神之靈。刺史無治行，無以媚於神祇，天降之罰，以久不雨，苗且盡死。刺史雖得罪，百姓何辜？宜降疾咎於某躬身，無令鰥寡蒙茲濫罰。謹告。[233]

但城隍神沒有理會韓愈的請求。韓愈又寫了一封類似的祈雨文，向當地的仰山神祈告。之後，甘霖果至。[234]

又如宋代嘉祐間任鉛山知縣的方蘋，此君對當地「病者聽於巫，不事醫藥」的「尚鬼」之俗，曾力加革除。便在久旱之際，也曾向鵝湖神祈雨，據稱祈雨之後「雨立至」。[235]

除了祈雨祈晴，包括驅蝗逐疫等事項，官府也常向神祇求助。如明洪武年間廣信府永豐知縣王衷，曾在該縣發生蝗災時「禱於神」，這招果然有效，「數日，蝗皆死」。[236]清道光年間任貴溪知縣的陳述賢，也有類似的禱神除蝗經歷：

233 （唐）韓愈：《祈雨告城隍文》，正德《袁州府志》卷十一《藝文二‧祭文》。

234 （唐）韓愈：《謝雨告仰山文》，正德《袁州府志》卷十一《藝文二‧祭文》。

235 光緒《江西通志》卷一三一《宦績錄十一‧廣信府》。

236 光緒《江西通志》卷一三一《宦績錄十一‧廣信府》。

（貴溪）比歲旱蝗，躬督田夫驅捕。又虔禱於神。一夕雷雨，蝗盡死。其至誠感神如是。**237**

甚至在一些實際政務的處理中，也需要神祇的幫忙。例如明成化年間鉛山知縣張昺，以「善治獄」聞名，人稱「神君」，他在處理一件虎噬人子的案件時，曾請求城隍神的幫助，最終找出了殺人凶「虎」：

張昺，字仲明，浙江慈溪人。成化八年進士，授鉛山縣。性剛明，善治獄……寡婦唯一子，為虎所噬，訴於昺。昺與婦期五日，乃齋戒祀城隍神。及期，二虎果伏庭下。昺叱曰：孰傷吾民，法當死，無罪者去。一虎起，斂尾去。一虎伏不動，昺射殺之，以畀寡婦，一縣稱神君。**238**

二、「祀典」與民間信仰

民間造神與官方編制「祀典」，是兩個具有本質區別的過程。民眾以趨利避禍為出發點，對神祇的基本要求是「靈感」或「有求必應」；官方更強調所崇祀的神祇具備忠孝節義等各種美德，以利於維護和推行綱常名教等主流價值觀。因此，民眾與官府看似都在無差別地崇祀神祇，但二者的本質差別是不可忽視

---

237 光緒《江西通志》卷一三一《宦績錄十一・廣信府》。
238 光緒《江西通志》卷一三一《宦績錄十一・廣信府》。

的。由於這種區別的存在，民間與官府在神祇崇祀問題上有時不免關係緊張，有時甚至發生劇烈的衝突。

在官府看來，「祀典」是衡量一切鬼神崇祀活動的基本標準，一切崇祀活動都應以是否有利於維護綱常名教為基本追求，那些背離這一宗旨的崇祀活動都是非法的。從這種衡量標準出發，民間崇祀的神祇就不再是鐵板一塊，而應分為三類：第一類，既列入祀典，又廣為民間崇祀的神祇。第二類，雖然民間廣泛崇祀，但既未入祀典，又宣揚與綱常名教相抵觸的價值的神祇。第三類，介於前兩者之間的神祇。簡單地說，民間信仰的神祇在官方看來，第一類是「合法的」（進入了祀典體系），第二類是不「合法」的，第三類雖然不「合法」，但可能是「合理的」。官府對這三類神祇，往往採取不同的應對策略。

對民間崇祀那些列入祀典的神祇，官府一般持贊同和提倡的態度。例如，城隍神是作為國家明令各地方官員必須崇祀的神祇，其信仰在民間也很流行。官府對民間崇祀城隍的活動，往往持欣賞和鼓勵的態度。如萬載一帶民間對城隍崇拜很普遍，除了每年新正要在官方的「縣城隍廟」演戲十日外，在四月十八「神誕」來臨之前，還有大型的慶祝活動，「先期月餘，梨園紛集，士民酬願無虛日」。[239]諸如此類，「民間所最崇奉」，官府一般「不禁鄉人之祀」：

---

[239] 民國《萬載縣志》卷一之三《方輿志・風俗》。

　　（萬載）祠廟有為一王之制者，如文昌、武帝、社稷、山川、雷雨、風雲，以至於城隍，胥是也。民間所最崇奉，不禁鄉人之祀，關帝亦不禁婦孺之會集。城隍演戲賽報，乃田家作苦，有此數日之歡娛，所從來久矣。遠鄉如端陽之競渡、關帝之聖誕、真君之生辰，莫不有先後爭趨之樂，亦莫不各有廟產以支配之。**240**

　　對那些不在祀典之列，但與主流價值觀並不直接抵觸的神祇，官府一般也不為之禁。正如民國《德興縣志》的修纂者看到的那樣：

　　（德興）祠廟已列祀典，例應賅載。間有未列祀典，而亦建祠祀之者，以其能有功德於民也。**241**

　　對這類未列入祀典的崇祀活動之所以不予禁止，不僅因為其「無害於典禮」，而且這也是順從民意的表現：

　　（婺源）祠廟唯官祭者，列祀典。其民間建置，以伸祈報，而無害於典禮者，亦不禁，從民願也。**242**

240　民國《萬載縣志》卷二之三《營建·祠廟》。
241　民國《德興縣志》卷二《建置志·壇廟》，民國八年（1919）刻本。
242　民國《重修婺源縣志》卷七《建置四·祀典》，民國十四年（1925）刻本。

正是由於這些原因，我們在地方志等官方文獻中，常常看到官府不但重視那些被列入祀典的神祇的崇祀活動，而且也承認那些雖未列入祀典，但擁有廣泛的信仰基礎，不與官方提倡的價值觀直接衝突的神祇的存在合法性。例如，同治《重修上高縣志》在「壇廟志」中，就收錄了這兩類壇廟。其列入祀典的第一類壇廟共十所，具體情況如下表所示：

上高縣列入「祀典」的壇廟

壇廟	列入祀典的理由
社稷壇	奠安九土，粒食萬邦
風雲雷雨山川壇	贊勷天澤，福佑蒼黎
先農壇	肇興稼穡，粒我烝民
厲壇	祭無祀鬼
文昌廟	六匡麗曜，協昌運之光華；累代垂靈，為人文之主宰
（文昌帝君）先世廟	
武廟	扶正統而彰信義，威鎮九州，完大節以篤忠貞，名高三國
（武帝）先代廟	
城隍廟	
節孝祠	矢志完貞，全閩中之亮節；竭誠致敬，彰閫內之芳型

資料來源：同治《重修上高縣志》卷九，《壇廟志》，同治九年刻本。

這類壇廟的設置，典型地體現了官方「神道設教」的用意所在。除此十所列入祀典的壇廟外，上高縣還有大量為官方所默許的民間壇廟。在同治《重修上高縣志》「壇廟志」中，記載了此

類壇廟五十三所。與列入祀典的官方壇廟相比，這些類壇廟在名稱上顯得「草根味」十足。例如，有的壇廟稱「大王廟」，有的稱「將軍廟」，有的稱「三將軍廟」，有的稱「金甲神廟」，還有很多稱為「某郎廟」，如「二郎廟」、「四郎廟」、「七郎廟」、「九郎廟」等。這類受民眾崇祀的理由，也不是如列入祀典的官方壇廟那樣具備「重要的政治意義」，而主要是由於該壇廟「數著靈應」等原因。如輔應廟「旱禱輒應」；祀五顯神的大聖廟在「鄉民疾疫」時，「禱輒應」；九郎廟也有「屢著靈應」的神跡；崇顯順應廟，也是「居民有禱必應」。**243**

　　一般而言，地方官對上述神祇持包容態度，但在有些特殊時期，上述這類神祇雖然與主流價值觀沒有直接衝突，但由於未能列入祀典，有時也會成為官府打擊的對象。還有一類神祇，既未列入祀典，又與官方提倡的價值觀直接抵觸，常被稱為「淫祀」。它們在官府眼中，不僅不合禮法，而且敗壞風氣，誨淫誨盜，是社會治理的重大妨礙，必須加以清除。我們在地方文獻中，就經常看到一些以「毀淫祀」而聞名的地方官的例子。例如，元代曾任饒州路（今上饒一帶）總管的韓鏞，就對饒州一帶「尚鬼」之俗予以打擊，盡毀境內「不合祀典」的「淫祠」：

　　　　（饒州）之為俗尚鬼。有覺山廟者，自昔為妖以禍福。
　　人為盜賊者，事之尤至，將為盜，必卜之。鏞至，即撤其

243 同治《重修上高縣志》卷九《壇廟志》。

祠，沉土偶於江。凡境內淫祠不合祀典者，皆毀之。[244]

再如上高縣一帶「淫祠」甚多，明弘治的間知縣童旭「毀之殆盡」，童旭後來也因此名列瑞州府「名宦」。[245]明代南安（治在今大庾）軍丞李夷庚，也曾「毀淫祠四十餘所」。[246]明代浮梁知縣汪宗伊對「淫祠」打擊力度更大，曾一掃該縣「淫祠」一百多所：

> 汪宗伊，字子衡，崇陽人，進士。嘉靖間知縣，清耿有治才……邑故尚鬼，則毀淫祠一百餘區以抑之，因即毀祠建社學。[247]

明代南康縣丞吳履打擊「淫祠」也是不遺餘力，他曾將主持「淫祀」活動的巫師縛責，還「沉神像於江」：

> （南康）邑有淫祠，每祀輒有蛇出戶，民指為神。履縛巫責之，沉神像於江，淫祠遂絕。[248]

244 康熙《江西通志》卷六十三《名宦七‧廣信府》。
245 正德《瑞州府志》卷四《群祀志‧壇壝》；正德《瑞州府志》卷七《秩官志‧名宦》。
246 嘉靖《江西通志》卷三十七《南安府‧名宦‧宋》。
247 道光《浮梁縣志》卷十二《名宦》。
248 光緒《江西通志》卷一三三《宦績錄十五南安府》。

在官府歷次對江西民間信仰的整頓中，打擊巫覡往往是其中的重點。江西地處華南地區，「楚巫、越巫之流風遺俗」長期存在，對民眾生活有多方面的影響。例如，袁州（今宜春一帶）等地迷信巫覡，甚至「信巫勝於信醫」：

> （袁州）信巫甚於信醫，楚俗也。士夫斷斷持之者，眾以為怪。如退亡解厄，鐃鼓之聲不絕，群迷不悟，是曰敝俗。[249]

武寧縣的巫醫也極有影響，「禨鬼之俗，習而未變，凡有疾病，多聽於巫」[250]。在南豐縣，巫覡不僅為婚喪禮俗中所必需，以巫祛病更是常見，甚至有「不事醫而專事巫者」：

> （南豐）南方淫祀，自古已然。巫之所為，婚喪皆用之，而病家尤甚。鄉人至有不事醫，而專事巫者。城中多兼而用之，質衣釀錢，以事淫鬼。親族鄰友若非此，無以自致其情，（效）則巫之功，其不效則醫之罪。故巫常勝，醫常負。甚者醫亦信巫，僧則唯老嫗信之。[251]

---

249 咸豐《袁州府志》卷八《風俗》，咸豐十年刻本。
250 乾隆《武寧縣志》卷八《風俗》，乾隆五十一年刻本。
251 民國《南豐縣志》卷一《疆域志上‧風俗》，民國十三年（1924）鉛印本。

南康等地，巫覡是人生許多重要階段不可或缺的，諸如遇疾病時需由巫「作福」，生子數齡時需巫「栽花」，婚產之後又要延巫「開花」：

> （南康）吳楚信鬼之俗，相沿不破。凡有疾病，多聽於巫，謂之「作福」；甚有生子數齡無恙，延巫者書其年，命歲而祝之，曰「栽花」；至婚產後，又延巫者啟而祝之，曰「開花」。[252]

在豐城縣地方官看來，當地「嗜巫」之俗不僅使民眾「破產以供」，且「敗禮違法」，是該縣四大弊俗之一，「宜亟易之」：

> （豐城）一曰嗜巫。荒禮索鬼神，古昔或有，末俗流為嗜巫。賽禱喪誕，遂至破產以供。且敗禮違法，而莫知其失。宜亟易之，以歸於正。[253]

巫術的濫用和巫覡的負面作用，很早就引起官府和士大夫的嚴厲批評。在正統士紳看來，這類活動荒誕不經，「皆可哂怪」：

> 鬼神之說，自古有之。而信巫者遇病輒延驅祟，有說和

252　同治《南康縣志》卷一《地理志‧風俗》。
253　同治《豐城縣志》卷二《地理志二‧風俗》。

迫魂，禳星拜家書諸名色，唯跳神為最惡，而鄉村競尚之。又或生辰建醮，冀以楮錢，豫貯冥庫，曰做豫修，皆可哂怪者。**254**

清代永豐人郭儀霄曾有一首《秋疫嘆》，以嘉慶二十五年（1820）當地因夏旱而引起秋疫為背景，批判了永豐一帶「江鄉重巫鬼，舍醫更問卜」的荒謬，對民眾因迷信巫醫，最後落到「不見靈神來，唯聞舉家哭」的悲慘下場深表同情：

> 天地本好生，劫數憑誰補。陰陽一失序，造化難自主。
> 今年值亢旱，數月失霖雨。炎歊鑠肌骨，煩毒煎肺腑。
> 自從入秋來，大疫遍蓬戶。桁上無完衣，盎中無粒黍。
> 殘喘豈能延，哀哉命如縷。山墟藥石貴，典衣聊相酬。
> 黜賈混真贗，安望病可療。況無秦越人，補瀉恣誤投。
> 病多時醫競，術淺貧家求。殺人以為利，庸醫誠可愁。
> 路逢白衣人，荷鋤步層岡。逡巡草間臥，骨立面瘦黃。
> 云是八口家，只身未罹殃。前日老父死，昨夜阿母亡。
> 兄弟後先逝，藁葬南山陽。庭寂不敢入，靈座累相望。
> 鬼氣悚肌發，喪容淒戶堂。慘語不忍聽，欷歔向穹蒼。
> 江鄉重巫鬼，舍醫更問卜。日者談吉凶，廟子悚禍福。
> 黃冠利解禳，朝暮紛相逐。曠野夜招魂，悲呼動林谷。

254 民國《萬載縣志》卷一之三《方輿志・風俗》。

此輩豈知道，營營飽錢肉。謬言可勿藥，求神罪可贖。

鉦鼓滿四鄰，哀吟上黃犢。不見靈神來，惟聞舉家

哭。[255]

官府和士大夫除了批判「嗜巫」之風外，有時還會發動對巫
術和巫覡的打擊運動。早在漢代，豫章太守欒巴就曾發動過「剪
理奸巫」的運動。據《後漢書》的記載，

（欒巴）再遷豫章太守，郡土多山川鬼怪，小人常破貲
產以祈禱。巴素有道術，能役鬼神，乃悉毀壞房祀，剪理奸
巫，於是妖異自消。百姓始頗為懼，終皆安之。[256]

南朝梁時，袁君正任豫章內史，曾大力打擊當地興盛的巫
風，將被視為是「一郡巫長」的萬世榮以「亂政」為罪名，「刑
於市」：

（袁君正）為豫章內史，性不信巫邪。有師萬世榮稱道
術，為一郡巫長。君正在郡小疾，主簿熊岳薦之。師云：
「須疾者衣為信命。」君正以所著襦與之，事竟取襦，云：

255　（清）郭儀霄：《秋疫嘆》，（清）張應昌輯：《詩鐸》卷二十三《疾病》。
256　（南朝宋）范曄：《後漢書》卷八十七《欒巴傳》。

「神將送與北斗君。」君正使檢諸身，於衣裡獲之，以為亂政，即刑於市而焚神。一郡無敢行巫。[257]

清代鉛山著名士紳蔣士銓，曾專門對鉛山嗜巫之俗作《驅巫詩》，批判巫覡裝神弄鬼哄騙成眾的惡劣行徑，也記載了蔣士銓帶領士紳「我裂神像付一炬，腳踐餘灰折弓弩」的驅巫場景，描寫了驅巫之後巫師失業，「巫神巫鬼紛竄逐，晨明病者起食粥」的效果：

> 巫覡紛紛行鬼教，可憐不遇西門豹。
> 呵神叱鬼啼復笑，病者驚疑醫莫效。
> 東鄰夜半擊巫鼓，擾我酣眠魂夢苦。
> 披衣踏月登鄰堂，妻孥含泣子臥床。
> 老巫搖頭作神語，手持龍角咒白虎。
> 猙獰丑怪神數層，雜以淫娃真可憎。
> 木鸞金帖隱旗幟，高爇本命符牌燈。
> 我裂神像付一炬，腳踐余灰折弓弩。
> 吹燈罵巫巫疾走，賓客循牆皆舌吐。
> 巫神巫鬼紛竄逐，晨明病者起食粥。
> 胡生為作驅巫詩，三日傳誦城鄉知。[258]

257　（唐）李延壽：《南史》卷二十六《袁湛傳附君正傳》。
258　同治《玉山縣志》卷一下《地理志·風俗》，同治十二年刻本。

但巫術與巫覡在江西長期存在，具備了廣泛的生存土壤，絕少一朝一夕的「驅巫」運動就能根本掃除。蔣士銓看到，盡管他發起的驅巫運動「三日傳誦城鄉知」，這使巫覡在鉛山一帶顏面掃地，但是不久之後，巫覡又開始活躍，「前聞某某召巫召己魂，鼓樂送巫歸廟門」。蔣不得不感嘆驅巫事業的艱難，因為「妖由人心」，人心不改，巫覡難除。[259]

明成化間鉛山縣令張旵，曾在任上發動過毀除掠人嫁女的樹妖、杖死「淫人婦女」的巫師、毀除諸淫祠等運動，這些舉動給他帶來「宦績」超群的名聲：

張旵，字仲明，浙江慈溪人，成化八年進士，授鉛山縣。性剛明，善治獄。有嫁女者，及婚門而失女，互以訟於官，不能決。旵行邑界，見大樹妨稼，欲伐之。從者言樹有神，不可伐。旵不聽，率眾往伐。有衣冠三人拜道左，旵叱之，忽不見。比伐樹，血流出樹間。旵怒，手斧之，卒僕其樹。巢中墮二婦人，言狂風吹至樓上，與三少年俱，其一即前所嫁女也。有巫能隱形，淫人婦女。旵執巫痛杖之，無所苦，已並巫失去。旵馳縛以歸，印巫背，鞭之立死。乃盡毀諸淫祠。[260]

259 同治《玉山縣志》卷一下《地理志・風俗》，同治十二年刻本。
260 光緒《江西通志》卷一三一《宦績錄十一・廣信府》。

張昺在打擊巫覡和淫祀的同時，對祀典規定的崇祀活動卻極為虔敬，有時甚至連實際政務也向某些祀典神求助。他曾經為虎噬人子一案向城隍神求助過：

> 寡婦唯一子，為虎所噬，訴於昺。昺與婦期五日，乃齋戒祀城隍神。及期，二虎果伏庭下。昺叱曰：孰傷吾民，法當死，無罪者去。一虎起，斂尾去。一虎伏不動，昺射殺之，以畀寡婦，一縣稱神君。[261]

張昺一方面是嚴厲打擊巫覡和淫祀，一方面又對祀典內容極為虔敬，代表了正統士大夫力圖通過打擊淫祀來強化祀典權威，進而達到整頓民間信仰和移風易俗的目的。

對於正統士大夫而言，巫術和巫覡的危害是很容易辨認的，對這類問題以打擊為主也無可爭議。與巫術和巫覡問題相比，迎神賽會問題則顯得更加複雜，其正面影響與負面效果往往同時存在。因而，如何對待迎神賽會問題，通常需要進行具體分析。

官紳一般都能看到迎神賽會作為一種大規模的社區性活動，有助於強化社區內部的互助協作，培養社區的認同感的作用。因此，他們對迎神賽會中體現出來的「春祈秋賽」之古意，往往十分欣賞。例如同治《新喻縣志》的作者，就認為當地的「春祈秋賽」活動，「各有所故」。作者認為，新余縣一年中多次的迎神

261 光緒《江西通志》卷一三一《宦績錄十一‧廣信府》。

賽會活動，除了「佛日祇園赴會，頗惑釋教」而不值得提倡外，其他各次的迎神賽會或存「古田家樂之意」，或有「上古八蠟之餘風」，都是民風淳厚的表現：

（新喻）鄉村所在皆有土主之廟，蓋斯民耕食鑿飲，必報其本。春祈秋賽，各有所故。元旦則謁廟以致一年之祝，通神以啟驅儺之會。元夕張燈樂神，照田卜鷺。社日衁牲祭社，祓草殄蟲。佛日祇園赴會，頗惑釋教。端午龍舟競渡，猶傳楚俗。每旱雩禱，或近龍而激潭洞，或近巫以驅魑魅。蓋《周禮》索鬼神之謂也。秋神報賽，或裝雜劇以送神，或椎牛豕而致享，亦古田家樂之意耳。至於歲終家戶陳設牲牢，祭賽百神，豈非上古八蠟之餘風乎？[262]

又如同治《宜黃縣志》的修纂者也以欣賞的態度，看待當地的各種迎賽活動：上元前後於土地神廟舉辦的年規會，「如古儺禮」，端午節的龍舟競渡，唱太平歌，「悠揚入聽」：

（宜黃）上元前後各於保甲內土神廟作年規會，建醮祈年禳災。壯士擎紙船鑼鼓，引道士沿戶入門灑淨，祓除不祥。男女唯虔，如古儺禮。端午節前，土人舁龍船頭，鑼鼓導至各戶灑淨，如上元。龍舟競渡，唱太平歌，悠揚入聽。

中元前數日，城隍神廟以次建醮祭厲，張楞絲燈奉神。中秋前後，鄉村迎賽土神，大市鎮建太平醮。舉端謹老成之人值首，齋宿神壇必虔，名為香頭，里人皆敬禮之。[263]

明清之際的新建人陳宏緒，曾作《東湖》詩，描寫了東湖岸邊的徐孺子故跡，和盂蘭盆會、端午競渡等民俗風情和諧共處的美好場景：

孺子祠前水，斜過吏隱亭。昔垂高士釣，今照酒人星。燈滿盂蘭社，漁依橋甕萍。幾番看競渡，虹影掛香軿。[264]

對迎神賽會活動的這些詩意描寫，難掩迎賽活動涉及的各種弊端。迎神賽會作為一種社性活動，不僅強調社區內的互助協作，也宣揚社區間的激烈競爭。這種競爭有時是以物質上「誇奇斗巧」來體現，有時則直接訴諸武力，使原本歡樂的迎賽活動充滿了火藥味。而且，迎賽期間由於人口急劇集中，往往引發各種治安問題，這也是令官紳十分頭痛的事情。

官紳對迎神賽會的批評，首先是迎賽期間花費大量資金和造成巨大浪費的問題。例如，贛縣「崇尚賽神」，每當燈節之後，

263　同治《宜黃縣志》卷十一《風俗志》，同治十年刻本。
264　（清）陳宏緒：《東湖》，同治《新建縣志》卷八十八《藝文志》。

有「畫龍舟祀奉彌月」之舉，還要「盛筵演劇」，加之送神之日「鉦鼓沸地，旗旛蔽天」的花銷，「計其費可敵中人百家之產」。[265]

清初曾任江西分守湖西道的施閏章，寫有《神船詞》，詳細描述了清江上元賽旱船的習俗，盡管所賽彩船「羅載百神，服飾甚盛」，但「鼓吹三日，乃送而焚之江滸」，極為浪費，廣大民眾甚至為此節衣縮食，「年年賽社不愁貧，典衣又辦蕪田賦」。[266]

迎神賽會不僅「誇奇競勝，所費不貲」，而且賽會期間「男女淆雜，舉國若狂」，往往由此引發各種社會問題。如：

> （金溪）俗之敝數端：一為上元迎燈、端午迎船，誇奇競勝，所費不貲。甚有因而爭鬥致死者。俗謂此可袪疫，故竭力為之。嘉靖五年（1526），知縣林下令禁絕，境內安如，故民心稍悟。一為秋冬間藉報賽起會，多則彌月，少亦兼旬。此村方罷，彼村復興，浪費固多。且男女淆雜，舉國若狂。因而聚賭私宰，誨淫誨盜，莫此為甚。[267]

在南豐縣，士大夫也對迎賽期間外來「優娼」在本地演劇，引發「男女聚觀，夜以繼日，廢時失事，長欲誨淫」的後果，極

265　同治《贛縣志》卷八《地理志·風俗》。

266　（清）施閏章：《神船詞》，（清）張應昌輯：《詩鐸》卷二十四《鬼神》。

267　同治《金溪縣志》卷四《地理志四·風土》，同治九年刻本。

為不滿，認為這是「四民大蠹」：

> （南豐）無優娼，梨園皆來自外境。神廟祈報，此歇彼續，計唯冬季無之，春猶稍殺，夏秋則層見疊出矣。男女聚觀，夜以繼日，廢時失事，長欲誨淫，實四民大蠹。[268]

迎神賽會不僅鋪張浪費，誨淫誨盜，而且還經常引發各種訴訟問題。如贛縣，當地迎賽期間，觀者如堵，「往往涉訟」：

> （贛縣）贛俗崇尚神會。城內外百余廟，每歲燈節後即畫龍舟祀奉連月，一廟或七八會，至十餘會。俱盛筵演劇，送神則旗傘蔽天，絡繹塞路，觀者千百成群。往往涉訟。[269]

因此，有司應對這類現象引起高度重視，限制其中的「張筵聚飲」環節，以降低治安隱患：

> （贛縣）蒞此土者，嚴立禁條，止許演劇、牲醴敬神，毋許張筵聚飲，風俗之弊，庶有瘳乎！[270]

268　民國《南豐縣志》卷一《疆域志上‧風俗》。
269　乾隆《贛縣志》卷一《疆域志‧風俗》，乾隆二十一年刻本。
270　乾隆《贛縣志》卷一《疆域志‧風俗》，乾隆二十一年刻本。

江西民間迎神賽會引起的這些問題，一直以來都令州縣官頗感棘手，甚至引起省政當局的高度警覺。雍正年間任江西按察使的凌燽，就一度絞盡腦汁，試圖解決這些問題。凌燽注意到，江西民間的迎賽活動充滿激烈競爭，各鄉鎮之間互相攀比，常常引起各種治安問題，甚至發生命案：

> 乃江右地近鬼方，俗矜淫祀，各鄉村鎮各奉一神。每遇迎祭之期，爭相角奪，以人多為勝，以先祀為強。各出銅鑼，聲鳴山谷，施放槍銃，響震雲霄。更有鄉愚，許酬鑼願，設立鑼會，角勝爭雄，視為兒戲。甚至逞凶鬥毆，命案隨之。不知迎神賽會有禁，擊鼓鳴鑼有禁，施放鳥槍有禁，聚眾張打旗幟執事有禁，一有干犯，按照違制及邪教惑眾等律，分別首從餘人，絞流杖徒枷責治罪。定例何等森嚴，而江省竟成錮習。[271]

上饒縣就有人聚眾迎神，鳴鑼放槍，以致發生人命案件的：
現有廣信府上饒縣民江配乾等，聚眾迎神，鳴鑼放槍，致傷民人管登科。已經擬抵，拖累多人，淹禁三載。迎神求福，乃至蕩產傾家，性命不保，是皆不守禮法，褻瀆神明之所致。即舉一

271 （清）凌燽：《禁迎神賽鑼聚銃》，（清）凌燽：《西江視臬紀事》卷三，顧廷龍主編：《續修四庫全書》第八八二冊，上海古籍出版社二〇〇二年版，第110-111頁。

案可為惡俗之戒。[272]

　　凌燽要求此後只許祭獻，不得再事迎賽，更不得聚眾鳴鑼，施槍放銃等，否則將施以重刑：

　　　　嗣後如有里社土谷應祀之神，止許祭獻，毋許迎賽，以及聚眾鳴鑼，施槍放銃。其鑼願、羅會一體嚴禁。如敢仍循惡習，故抗不遵，定即嚴拿按律究擬，鑼追入官。[273]

　　又如省會一帶秋季「抬神」出游的習俗，凌燽認為其本意是春祈秋報性質，「原所不禁」，但「抬神」過程中，往往形成重大的安全隱患，擾亂街市治安，而且還舉止不恭，褻瀆神靈：

　　　　江省屢歲有秋，年豐人壽，實臻熙皞之風。地方民戶於各廟誦經建醮，禳疾保安，原所不禁。唯習俗信鬼尚巫，動輒抬神，往往縛神於扛，顛倒掀翻，務為格磔嘈雜之聲。又摡金伐鼓，百十喧呼，陜闐衢巷，午夜不休。似此瀆亂不經，即為風俗之害。且成群擁擠，保無踐踏之虞？燈火沿

272　（清）凌燽：《禁迎神賽鑼聚銃》，（清）凌燽《西江視臬紀事》卷三，第110-111頁。

273　（清）凌燽：《禁迎神賽鑼聚銃》，（清）凌燽：《西江視臬紀事》卷三，第110-111頁。

門，保無焚燎之患？若嫚神褻禮，更不待言矣。[274]

鑑於「抬神」的危害性，並且考慮到省會即將迎來鄉試，凌燽要求抬神活動立刻停止，不得再事滋擾，否則將「一律科罪」：

> 從前以為事屬適然，因俯順輿情，暫未禁戢。今經匝月，久而彌甚。若復聽其自然狂蠱，將於何底？況闈期在即，不日商賈紛來，士子雲集。伊等百十為群，充街塞巷，正恐宵小乘機滋事，尤非寧謐地方之道。合饒曉示禁止，仰府即便飛飭南、新二縣通行曉諭，嗣後止許於廟內建壇念經，不得仍行抬神繞街，喧鬧居民鋪戶。止許於門前供奉香燭，不得懸結高燈。如示後仍有抬神惡習，即查首事之人懲以違令之罪，約保人等不行勸諭，及藉端滋擾，一律科罪。[275]

近代以來，新式知識分子開始以「科學」為主要武器，對「迷信」的民間信仰予以批判。民國初年，「新文化運動」興起，它提倡科學，反對民間信仰在內的所有「封建迷信」活動，對民

---

274 （清）凌燽：《飭禁抬神檄》，（清）凌燽：《西江視臬紀事》卷三，第98-99頁。

275 （清）凌燽：《飭禁抬神檄》，（清）凌燽：《西江視臬紀事》卷三，第98-99頁。

間信仰的衝擊是相當大的。新中國成立以後，尤其是「文化大革命」期間提倡「橫掃一切牛鬼蛇神」，「破除幾千年來一切剝削階級所造成的毒害人民的舊思想、舊文化、舊風俗、舊習慣」。這些對包括民間信仰在內的傳統文化的衝擊無疑是巨大的。

但改革開放以來，隨著政治和文化政策的放寬，民間信仰等傳統文化呈現出「復興」的趨勢。尤其是在「文化搭台，經濟唱戲」的口號下，各種民間信仰活動，如齋醮、酬神演戲、游神巡境等，很多都得到恢復。近代以來看似劇烈的衝擊，似乎並未阻斷民間信仰生存的土壤，它以頑強的方式存活了下來。

民間信仰作為一種民眾生活的組成部分，滲入民眾生活的各方面，對民眾生活有著極其重要的影響。它與一切文化形式一樣，不宜以「科學」或「迷信」的兩分法予以定性。作為一種非物質的文化存在形式，民間信仰有其自身的運作規律和發展邏輯，不是行政手段能夠隨意加以干預和控制的。

江西文庫 A0701B37

贛文化通典（民俗卷） 第五冊

主　　編	鄭克強
版權策畫	李　鋒
責任編輯	楊家瑜
發 行 人	陳滿銘
總 經 理	梁錦興
總 編 輯	陳滿銘
副總編輯	張晏瑞
編 輯 所	萬卷樓圖書股份有限公司
排　　版	菩薩蠻數位文化有限公司
印　　刷	維中科技有限公司
封面設計	菩薩蠻數位文化有限公司

出　　版　昌明文化有限公司

桃園市龜山區中原街 32 號

電話　(02)23216565

發　　行　萬卷樓圖書股份有限公司

臺北市羅斯福路二段 41 號 6 樓之 3

電話　(02)23216565

傳真　(02)23218698

電郵　SERVICE@WANJUAN.COM.TW

大陸經銷　廈門外圖臺灣書店有限公司

　　電郵　JKB188@188.COM

ISBN 978-986-496-357-7

2018 年 1 月初版

定價：新臺幣 380 元

如何購買本書：

1. 轉帳購書，請透過以下帳戶

　合作金庫銀行　古亭分行

　戶名：萬卷樓圖書股份有限公司

　帳號：0877717092596

2. 網路購書，請透過萬卷樓網站

　網址　WWW.WANJUAN.COM.TW

大量購書，請直接聯繫我們，將有專人為您

服務。客服：(02)23216565 分機 610

如有缺頁、破損或裝訂錯誤，請寄回更換

版權所有·翻印必究

Copyright©2016 by WanJuanLou Books CO., Ltd.

All Right Reserved　　　　Printed in Taiwan

國家圖書館出版品預行編目資料

贛文化通典. 民俗卷 / 鄭克強主編.-- 初版.

-- 桃園市：昌明文化出版；臺北市；萬卷

樓發行, 2018.01

　冊；　公分

ISBN 978-986-496-357-7 (第五冊：平裝). --

1.民俗 2.江西省

672.408　　　　　　　　　　107002014

本著作物經廈門墨客知識產權代理有限公司代理，由江西人民出版社授權萬卷樓圖書
股份有限公司出版、發行中文繁體字版版權。

本書為金門大學華語文學系產學合作成果。　　　校對：陳裕萱